Marcus Kraneburg

Grimmsche Märchen als Spiegel der Seele

Marcus Kraneburg

Grimmsche Märchen als Spiegel der Seele

Ein Arbeitsbuch für Eltern, Erzieher und Lehrer

INFO3 VERLAG

Marcus Kraneburg
Grimmsche Märchen als Spiegel der Seele

ISBN 978-3-95779-158-0

1. Auflage 2008 im Verlag Johannes M. Mayer, Stuttgart
2. Unveränderte, mit einer neuen Einleitung versehene Auflage 2022
im Info3 Verlag, Frankfurt am Main

Umschlagentwurf vom Autor
Satz: Ulrich Schmid, de·te·pe, Aalen
Druck und Bindung: CPI books, Leck

Inhalt

Danksagung

Zwei Menschen möchte ich meinen ganz besonderen Dank aussprechen. Zum einen ist dies Sieglind Rehn, die mir zu jeder Zeit eine aktive Zuhörerin war und mit größtem Interesse meine Arbeit verfolgte. Zum andern gilt mein besonderer Dank Rosemai M. Schmidt, mit der ich in der Endphase der Arbeit intensiv um Formulierungen ringen konnte.

Geleitwort

Christof Wiechert

Ein Kind fragt, was ist die Sonne? Was ist der Mond? (Wir hoffen, dass Kinder noch so erzogen werden, dass sie solche wichtigen Fragen stellen wollen.) Nun kann ich antworten, die Sonne gibt uns Licht, und der Mond wirft das Sonnenlicht in der Nacht auf die Erde zurück. Alles wahr, das Kind wird zufrieden sein und die Frage vergessen (und deren Antwort). Ich kann aber auch anders antworten. Ich kann sagen, die Sonne ist die Quelle allen Lebens, und der Mond ist der treue Wächter der Nacht. Auch eine wahre Antwort. Was aber ist der Unterschied? Durch den Gebrauch des Bildes hat die Antwort etwas nicht so Abschließendes, Definitives bekommen, sondern etwas Offenes, Freies. Das Kind wird nachdenken, wie hängen Quelle und Sonne zusammen mit dem Leben? Es ahnt, was Treue ist und was ein Wächter ist: jemand der da ist, aber sich nicht aufdrängt. Es bewegt seine Gedanken bei der zweiten Antwort. Bei der ersten wird nicht bewegt, denn es ist ja klar, die Sonne spendet Licht. Fertig. Abgespeist. Rudolf Steiner fasste diesen Tatbestand einmal so zusammen, dass er sagte, im ersteren Fall werden dem Kinde passende Schuhe verpasst. Weil Kinder aber wachsen, wird der Schuh bald zu drücken beginnen, ja zu schmerzen. Im zweiten Fall gibt es Schuhwerk, das so groß ist, dass man noch hineinwachsen kann.

Aber sollen nun Märchenbilder erläutert und gedeutet werden?

Wir sind in unserer Kultur des 21. Jahrhunderts in einer merkwürdig gespaltenen Lage in Bezug auf Bilder. Einerseits leben wir in einer sehr starken Bildkultur. Betrachtet man, was alles für unser Auge bereit gehalten wird durch die Medien, durch das Straßenbild, durch Zeitung und Computer, schaut man wie in Bahnhöfen und an Flughäfen mit Piktogrammen uns Welten erschlossen werden, dann kann man nicht anders schließen, als damit, dass wir in einer einseitigen Augenkultur der Bilder leben. Das führte zu einer ziemlichen

Hilflosigkeit gegenüber der Bildersprache der Märchen. Die Bilder eines Comics versteht jeder, denn sie sind keine Bilder, sie sind Illustrationen. Was soll man mit einem Satz, *es war einmal ein König und eine Königin*? Dieser Satz illustriert nichts. Dieser Satz eröffnet eine Welt. Die Welt der Lebensgeheimnisse. Der berühmte Eröffnungssatz zahlloser Volksmärchen schildert also einen Teil unseres Selbst. Es ist von uns die Rede. Das ist auch einleuchtend, denn diese Märchen sind Belehrungen an uns aus der Lebensweisheit. Eine solche Erläuterung kann uns tatsächlich helfen, die Hilflosigkeit diesen Bildern gegenüber zu beheben.

Wenn sie aber behoben ist, kommt eine nächste Hürde. Alles, was man durch die Deutung erfahren hat, muss man wieder vergessen. Sonst verkommt das Märchen zu einem ›who is who‹. Hat man das aber geschafft, entsteht erst die echte Schwierigkeit. Diese besteht aus Folgendem: Wenn man als Eltern, Erzieher oder Lehrer Kindern ein Märchen erzählt, wird es nur wirken, wenn man selber im Moment des Erzählens wird wie das Kind und einfach mit naiver Frömmigkeit *glaubt* an das, was man erzählt. Das ist für uns rational, bewusste Wesen keine Kleinigkeit! Um bei Zweifeln an der Bedeutung mancher Bilder oder sogar einer gewissen Angst vor manchen krassen Stellen doch ›im Bilde‹ zu bleiben, kann dieses Buch eine Hilfe darstellen.

Im Märchen fällt das Bild fast ganz mit dem Inhalt zusammen. Es ist eine Konzentration von Bildern. Wer sie auf sich wirken lässt, spürt, dass man ihnen mit dem alltäglichen Verstand nicht beikommt. Es wird eine Metaebene angesprochen. Jetzt wirken nicht nur die fließenden Begriffe, sondern die Bilder selber wollen etwas sagen. Was? Sie bringen uns Inhalte der Lebensweisheit, der Entwicklung des Menschen, der Lebensgestaltung, des Schicksals, der Wirkung von Gut und Böse, der Verleiblichung der Seele, der Auswirkung der Tugenden und Untugenden auf ›Leib und Seel‹, Strafe und Gerechtigkeit, kurz, sie sind das große Lehrbuch des Lebens. Lebensschulung von allem Anfang an. Nie wird der Inhalt eines echten Volksmärchens platt, bürgerlich sein. Dass manche Bilder derb daher kommen, kennen wir ja auch vom Leben selbst, das auch derbe Züge haben kann. Sentimentalität ist dem Volksmärchen fremd.

Man könnte fast die These wagen: Wer mit Märchen erzogen wurde, hat für das Leben Augenmaß gewonnen, und man kann sich vorstellen, dass, wenn eine zukünftige Erziehung hierauf verzichten würde und die Lehren des Lebens in Vorschriften und Verhaltensweisen gegossen werden, die von außen zwingen, es wohl mit einer menschlichen Kultur bald zu Ende sein wird.

Deutlich aber darf gesagt werden, dass diese Lebensweisheit in Bildern, die diese Märchen sind, ihren Ursprung hat in sehr hohen Wissensschätzen der Mysterien. Ab dem 4. Jahrhundert sind von der Römischen Kirche aus die Reste der Mysterien zum Schweigen gebracht worden. Die uralt hohe Weisheit verschwand aus den Seelen der Menschen, und was noch in den so genannten Ketzerströmungen lebte, wurde ebenfalls vernichtet. Das Wissen war wie ausgelöscht, die Gnosis verschwunden. Ab dem 8. bis 9. Jahrhundert kehrte diese Weisheit dann zur Erde zurück; nicht mehr in Lehren der Mysterien, denn die waren faktisch als Mysterienstätten nicht mehr da, sondern als Inspirationen, die im Volke lebten und in deren Bildern die Märchen wieder auflebten. Aus dem Volk kamen die Inspirationen jetzt, nicht aus der Gelehrtheit der Klosterschulen. Es ist von Bedeutung, das wenigstens andeutungsweise zu wissen, damit man urteilsfähig wird über die Frage, was für Märchen man vor sich hat. Die hier dargestellten Märchen sind die genannten Volksmärchen, sie sind keine Kultur- oder literarischen Märchen (wie bei Andersen).

Die Arbeit von Marcus Kraneburg will nicht als Exegese verstanden werden, sondern als eine Anregung, um in der unendlichen Welt der Märchen ›lesen zu lehren‹. Er bedient sich dabei der Grundkenntnisse der anthroposophischen Geisteswissenschaft auf eine Weise, die für den Nichtkenner kaum ein Hemmnis darstellen wird. Dem gegenüber aber kann durch diese Arbeit auch eine schöne Liebe zu diesem unvergleichlichen Schatz mitteleuropäischer Weisheit, die zeitlos ist, erblühen. Eine Liebe, die zum Erzählen drängt …

Einleitung

Die Grimmschen Märchen berühren uns tief und zeitlos. Diese Märchen sind nicht nur wunderbare Geschichten, sondern darüber hinaus ein Spiegel der menschlichen Seele. Goethe prägt in seinen Maximen und Reflexionen zur Kunst den Begriff vom »offenbaren Geheimnis«. Dieser Ausdruck trifft auch auf die Grimmschen Märchen zu. Das Besondere dieser »Geheimnisse« ist, dass sie gar nicht verschwiegen oder gar verheimlicht werden müssen. Ganz im Gegenteil: Sie stehen jedermann und jederfrau völlig offen vor Augen und werden gerade deswegen nicht gesehen. Die Unverstecktheit ist ihr bestes Versteck.

Dieses Buch möchte auf das Offensichtliche der Grimmschen Märchen hindeuten. Dafür soll versucht werden, die Bilder selber sprechen zu lassen. Im Zeitalter der »alternativen Fakten«, in dem Wahrheit und Objektivität subjektiviert werden, ist das nicht einfach. So unpopulär es auch klingt: Es bedarf beim Blick auf die Märchen eines inneren Verzichts auf eine bestimmte Perspektive, sogar auf einen originellen Ansatz. Je mehr wir unsere Meinungen und Vorstellungen zurücknehmen, desto deutlicher beginnen die Märchenbilder selbst zu sprechen.

Auch wenn die Gebrüder Grimm die Märchen gesammelt und veröffentlicht haben, so gibt es doch keinen Autor. Diese Märchen hat niemand erdacht. Sie entsprangen dem Volkstum und lebten lange Zeit ausschließlich in mündlicher Überlieferung – regional durchaus verschieden. Obwohl die Urheberschaft im Dunkeln bleibt, enthalten die Grimmschen Märchen ein Wissen der menschlichen Seele von unüberbietbarer Dichte. Sie sind vollkommen auf das Wesentliche reduziert, besitzen keinerlei Ausschmückungen oder künstliche Spannungselemente. Alles ist Bedeutung.

So wird zum Beispiel in Rotkäppchen, lange bevor es Psychologen gab, die Frage beantwortet, wie man Herr seiner Leidenschaften wird. Erstaunlicherweise erschießt der Jäger ja nicht den Wolf. Rumpelstilzchen beschreibt, wie sich unsere Fähigkeiten aus dem Bereich unendlicher Möglichkeiten verwirklichen können. Die Bremer Stadtmusikanten klären uns über die vier Dimensionen des Menschenwesens auf und charakterisieren diese in einzigartiger Weise in den Tiergestalten. Frau Holle gibt uns tiefe Einblicke in unser Seele über unser Erdenleben hinaus. Und so geht es weiter: Märchen für Märchen.

Ein kostbares Geschenk ist es, wenn der Erwachsene Kindern ein Märchen im Bewusstsein seiner tiefen Bedeutung erzählt. Die Bilder wirken mit Nachhaltigkeit. Gleichsam homöopathisch lassen sie Vertrauen, Orientierung und Motivation für das Leben in den Menschen fließen. Da es sich bei den Grimmschen Märchen jedoch um keine »Kinder-Weisheit« handelt, können ihre Bilder besonders auch dem Erwachsenen zu wertvollen Erkenntnissen verhelfen. Das vorliegende Buch mag dazu anregen.

Freiburg, im September 2022 *Marcus Kraneburg*

Der Froschkönig oder der eiserne Heinrich

In den alten Zeiten, wo das Wünschen noch geholfen hat, lebte ein König, dessen Töchter waren alle schön, aber die jüngste war so schön, dass die Sonne selber, die doch so vieles gesehen hat, sich verwunderte, sooft sie ihr ins Gesicht schien.

Der »Froschkönig« ist eines der Märchen, das mit seinen Bildern in kosmische Dimensionen hinaufreicht. Es führt uns in gewaltigen Perspektiven die Vergangenheit, Gegenwart und Zukunft des Menschen vor Augen. Die Eingeweihten vergangener Tage kleideten die Entwicklung des menschlichen Geistes in die Bilder solcher Märchen.

Die Brüder Grimm setzten »Den Froschkönig« an den Anfang ihrer Sammlung der Kinder- und Hausmärchen. Es beginnt mit den zauberhaften Worten: »In den alten Zeiten, wo das Wünschen noch geholfen hat, …« Gleich zu Beginn dieses Märchens werden wir in eine weit zurückliegende Menschheitsvergangenheit versetzt. Seither haben sich der Mensch und die Erde stark verändert und wir werden uns anstrengen müssen, von unserem heutigen Welterleben abzusehen, um eintauchen zu können in die ganz andere Seelenverfassung einer vergangenen Menschheit. Stellen wir uns eine Materie vor, die noch nicht so erstarrt ist, wie wir sie kennen, sondern deren innere Konfiguration noch regsamer, gleichsam elastischer war. Stellen wir uns ein Seelenleben vor, welches das unsrige an Lebendigkeit bei weitem übertraf. Viel intensiver wogten die Eindrücke in den Seelen der Menschen derjenigen Zeit, auf die das Märchen mit seinen ersten Worten hindeutet. Einen leisen Eindruck von diesem Zustand bekommt man, wenn man sich die Angst vieler Kinder vor der Dunkelheit vor Augen führt. Obwohl sie durchaus wissen, dass zum Beispiel im Keller kein Bösewicht steckt, erleben sie die Dunkelheit wie von Wesenhaftem durchwoben. So wurde früher die Natur überall als belebt empfunden. Sie sprach zu den Seelen der Menschen. Aber anders herum war es ebenso: auch der Mensch sprach zur Natur. Was wir uns heute kaum mehr vorstellen können, war in jenen Zeiten Wirklichkeit: Der Wille des Menschen hatte Auswirkungen auf Naturprozesse. Es gab also tatsächlich Zeiten, in denen das Wünschen geholfen hat.

Die Menschengeschlechter frühester Zeiten waren durchdrungen vom lebendigen Zusammenhang mit der göttlich-geistigen Welt. Allein das ließ sie gleichsam schön erscheinen. Das Märchen symbolisiert diese früheren Menschengeschlechter daher durch die schönen Töchter des Königs. Indem das hohe Sonnengestirn aber vor allem auf die jüngste Tochter herabschaut, erfährt sie eine besondere Aufmerksamkeit. Die jüngste Menschheit ist dazu berufen, eine vollkommen neue Entwicklung einzuleiten. Die geistigen Wesen der Sonne betrachten sie dabei mit Wohlgefallen.

»Für den Materialisten strömen aus der Sonne bloß die physischen Sonnenstrahlen. Für den aber, der die Dinge okkult durchschaut, ist es so, dass mit dem Sonnenlicht die Kräfte der geistigen Bewohner der Sonne auf die Erde herabströmen. Ebenso, wie die Erde von Menschen bewohnt wird, wird auch die Sonne bewohnt von mächtigen Wesenheiten, die sich von den Erdenwesenheiten dadurch unterscheiden, dass sie viel, viel weiter entwickelt sind als die Menschen. Die Genesis, das Alte Testament, nennt diese Sonnenbewohner die Elohim, Lichtwesen. So wahr die Menschen einen Körper aus Fleisch haben, so wahr haben diese Sonnenbewohner einen Körper aus Licht. Sie sind Lichtwesen. Und ihre Kräfte sind nicht begrenzt in engem Raum, sie können herausstahlen bis herunter auf die Erde. Die Taten der Sonnengeister, der Elohim, strömen allen Erdenwesen zu mit dem Sonnenlicht. In jedem Lichtstrahl, in jedem Sonnenstrahl haben wir die Taten der Sonnenbewohner zu sehen.« *(Rudolf Steiner, GA 101, 5. Vortrag)*

Nahe bei dem Schlosse des Königs lag ein großer dunkler Wald, und in dem Walde unter einer alten Linde war ein Brunnen; wenn nun der Tag recht heiß war, so ging das Königskind hinaus in den Wald und setzte sich an den Rand des kühlen Brunnens; und wenn sie Langeweile hatte, so nahm sie eine goldene Kugel, warf sie in die Höhe und fing sie wieder; und das war ihr liebstes Spielwerk.

Die jüngste Königstochter ist gern im Wald. Oft ist dieser in einem Märchen ein Ort der Finsternis, in dem man sich leicht verirren kann. Im »Froschkönig« haftet ihm aber nichts Beängstigendes oder gar Gefährliches an – im Gegenteil. Der Wald ist für die Königstochter ein behaglicher Ort, der mit seinem Schatten Schutz vor der Hitze des Tages bietet. Die Helligkeit der Sonne, oder seelisch ausgedrückt: die Klarheit des Denkens und die Schärfe des Intellekts, sucht dieses jüngste Menschengeschlecht nicht. Noch träumt das ICH-Bewusstsein der Menschheit. Lieber sitzt es im Dämmerschatten der Bäume und spielt mit einer goldenen Kugel. Sie ist das Symbol der sonnendurchwirkten Weisheit, mit welcher die Menschheit in dem so genannten »goldenen Zeitalter« noch einen selbstverständlichen Umgang pflegte. Spielerisch, kindlich, ohne sich dessen bewusst zu sein, hielt sie die Sonnenweisheit in Händen. Dabei sucht die Königstochter die Nähe eines Brunnens auf. Der Brunnen ist im Märchen immer das Tor zu einer anderen Welt. Wohin führt er uns? Warten wir mit dieser Frage noch so lange bis der Frosch erscheint.

Nun trug es sich einmal zu, dass die goldene Kugel der Königstochter nicht in ihr Händchen fiel, das sie in die Höhe gehalten hatte, sondern vorbei auf die Erde schlug und geradezu ins Wasser hineinrollte. Die Königstochter folgte ihr mit den Augen nach, aber die Kugel verschwand, und der Brunnen war tief, so tief, dass man keinen Grund sah. Da fing sie an zu weinen und weinte immer lauter und konnte sich gar nicht trösten.

Jetzt tritt der alles verändernde Moment ein: Der Menschheit entfällt die kosmische Weisheit. Sie gleitet ihr aus den Händen und entschwindet den Augen. Sie scheint verloren zu sein. Was sich hier als ein kurzer, tragischer Augenblick darstellt, erstreckte sich in der Menschheitsgeschichte über lange Zeiträume. Die Menschheit verlor ihr Wissen um den lebendigen Zusammenhang mit der geistigen Welt. Das sehnsuchtsvolle Zurückschauen auf das Zeitalter der »goldenen Kugel« hat sich tief in die Menschenseelen eingegraben. Von dieser Sehnsucht nach dem Leben mit den Göttern sind unsere heutigen Religionen nur ein schwacher Abglanz.

Und wie sie so klagte, rief ihr jemand zu: »Was hast du vor, Königstochter, du schreist ja, dass sich ein Stein erbarmen möchte.« Sie sah sich um, woher die Stimme käme, da erblickte sie einen Frosch, der seinen dicken hässlichen Kopf aus dem Wasser streckte. »Ach, du bist's, alter Wasserpatscher«, sagte sie, »ich weine über meine goldene Kugel, die mir in den Brunnen hinabgefallen ist.« »Sei still und weine nicht«, antwortete der Frosch, »ich kann wohl Rat schaffen, aber was gibst du mir, wenn ich dein Spielwerk wieder heraufhole?« »Was du haben willst, lieber Frosch«, sagte sie, »meine Kleider, meine Perlen und Edelsteine, auch noch die goldene Krone, die ich trage.« Der Frosch antwortete: »Deine Kleider, deine Perlen und Edelsteine, und deine goldene Krone, die mag ich nicht; aber wenn du mich lieb haben willst und ich soll dein Gesell und Spielkamerad sein, an deinem Tischlein neben dir sitzen, von deinem goldenen Tellerlein essen, aus deinem Becherlein trinken, in deinem Bettlein schlafen: wenn du mir das versprichst, so will ich hinuntersteigen und dir die goldene Kugel wieder heraufholen.« »Ach ja«, sagte sie, »ich verspreche dir alles, was du willst, wenn du mir nur die Kugel wiederbringst.« Sie dachte aber: Was der einfältige Frosch schwätzt, der sitzt im Wasser bei seinesgleichen und quakt und kann keines Menschen Geselle sein.

In welche Welt führt nun der Brunnen? »Unter den großen, dunklen Bäumen« befindet die Menschheit sich noch ganz im Schutze der geistigen Welt. Der Brunnen hingegen bildet das Tor zur sinnlichen Welt. Von dort taucht im Märchen der Frosch auf. Dieses Tier stammt aus dem Wasser und wird mit dem Einsetzen der Lungenatmung zu einem Landtier. Der Frosch ist ein Symbol der verdichteten, materiellen Welt. Das Angebot, welches er der Prinzessin macht, hat für die Menschheitsgeschichte die allergrößte Bedeutung. Im ersten Augenblick erahnt man vielleicht gar nicht die Dimension dieses einfachen Bildes. Da heißt es: *Du kannst die entfallene kosmische Weisheit wiederbekommen* (die goldene Kugel), *aber du musst sie dir von der materiellen Welt* (dem Frosch) *bringen lassen.* Es erscheint für die Vernunft wie ein Paradoxon: Gerade das Ungeistigste – die materielle Welt – soll dazu berufen sein, dem Menschen seine kosmische Weisheit wiederzubringen. Der Frosch stellt allerdings drei Bedingungen:

1. Er will vom Tellerlein der Prinzessin essen und von ihrem Becherlein trinken. Solange die Menschheit in der geistigen Welt noch mit einer unbewussten Weisheit lebte, war ein *physischer Leib* für sie nicht notwendig. Durch den Frosch nimmt der Mensch im übertragenen Sinn anstatt der Geistesnahrung nun physische Nahrung von dem goldenen Tellerchen zu sich. Er muss zu einem irdischen Wesen werden. Dies ist die erste Bedingung.

2. Der Frosch möchte zum Spielgefährten der Prinzessin werden. Dies betrifft die *Seelenebene* des Menschen. Damit wird er zum Symbol einer materiellen Gesinnung. Die Angelegenheiten der physischen Erde sollen das Seelenleben des Menschen in Besitz nehmen und ausfüllen. Dies ist seine zweite Bedingung.

3. Zuletzt will der Frosch im Bettchen der Prinzessin schlafen. Damit wird die Ebene des *Geistes* berührt. In jeder Nacht verbindet sich der Mensch im Schlaf mit dieser Sphäre. Als dritte Bedingung fordert der Frosch also, dass der Mensch die materielle Seelenstimmung sogar bis in die geistige Welt hineintrage.

Zuallererst jedoch und dies ist das Wichtigste, möchte der Frosch *lieb* gehabt werden. Daher war es auch die Aufgabe der Menschheit, die irdische Welt lieb zu gewinnen. Ohne weiter nachzudenken, gibt die Königstochter erst einmal ihr Wort auf diesen Handel. Deutlich ist aber auch, dass die Prinzessin nicht den blassesten Schimmer einer Ahnung hat, worauf sie sich damit einlässt. Dies wird ihr jedoch bald umso bewusster.

Der Frosch, als er die Zusage erhalten hatte, tauchte seinen Kopf unter, sank hinab, und über ein Weilchen kam er wieder heraufgerudert, hatte die Kugel im Maul und warf sie ins Gras. Die Königstochter war voll Freude, als sie ihr schönes Spielwerk wieder erblickte, hob es auf und sprang damit fort. »Warte, warte«, rief der Frosch, »nimm mich mit, ich kann nicht so laufen wie du.« Aber was half ihm, dass er ihr sein quak, quak so laut nachschrie, als er konnte! Sie hörte nicht darauf, eilte nach Haus und hatte bald den armen Frosch vergessen, der wieder in seinen Brunnen hinabsteigen musste.

Am andern Tage, als sie mit dem König und allen Hofleuten sich zur Tafel gesetzt hatte und von ihrem goldenen Tellerlein aß, da kam, plitsch, platsch, plitsch platsch, etwas die Marmortreppe heraufgekrochen, und als es oben angelangt war, klopfte es an der Tür und rief: »Königstochter, jüngste, mach mir auf.« Sie lief und wollte sehen, wer draußen wäre, als sie aber aufmachte, so saß der Frosch davor. Da warf sie die Tür hastig zu, setzte sich wieder an den Tisch, und war ihr ganz angst. Der König sah wohl, dass ihr das Herz gewaltig klopfte, und sprach: »Mein Kind, was fürchtest du dich, steht etwa ein Riese vor der Tür und will dich holen?« »Ach nein«, antwortete sie, »es ist kein Riese, sondern ein garstiger Frosch.« »Was will der Frosch von dir?« »Ach lieber Vater, als ich gestern im Wald bei dem Brunnen saß und spielte, da fiel meine goldene Kugel ins Wasser. Und weil ich so weinte, hat sie der Frosch wieder heraufgeholt, und weil er es durchaus verlangte, so versprach ich ihm, er sollte mein Geselle werden, ich dachte aber nimmermehr, dass er aus seinem Wasser heraus könnte. Nun ist er draußen und will zu mir herein.« Indem klopfte es zum zweitenmal und rief: »Königstochter, jüngste, mach mir auf, weißt du nicht, was gestern du zu mir gesagt bei dem kühlen Brunnenwasser? Königstochter, jüngste, mach mir auf.« Da sagte der König: »Was du versprochen hast, das musst du auch halten; geh nur und mach ihm auf.«

Für den geistigen Bereich gelten andere Bedingungen als für die Rechtsauffassung der physischen Welt. Das gegebene Wort hat den Charakter der Unauflöslichkeit. Daran erinnert der König seine Tochter: Das Wort ist gleichzeitig Gesetz.

Sie ging und öffnete die Türe, da hüpfte der Frosch herein, ihr immer auf dem Fuße nach, bis zu ihrem Stuhl. Da saß er und rief: »Heb mich herauf zu dir.« Sie zauderte, bis es endlich der König befahl. Als der Frosch erst auf dem Stuhl war, wollte er auf den Tisch, und als er da saß, sprach er: »Nun schieb mir dein goldenes Tellerlein näher, damit wir zusammen essen.« Das tat sie zwar, aber man sah wohl, dass sie's nicht gerne tat. Der Frosch ließ sich's gut schmecken, aber ihr blieb fast jedes Bisslein im Halse. Endlich sprach er: »Ich habe mich satt gegessen und bin müde, nun trag mich in dein Kämmerlein und mach dein seiden Bettlein zurecht, da wollen wir uns schlafen legen.« Die Königstochter fing an zu weinen und fürchtete sich vor dem kalten Frosch, den sie nicht anzurühren getraute und der nun in ihrem schönen reinen Bettlein schlafen sollte. Der König aber ward zornig und sprach: »Wer dir geholfen hat, als du in der Not warst, den sollst du hernach nicht verachten.« Da packte sie ihn mit zwei Fingern, trug ihn hinaus und setzte ihn in eine Ecke. Als sie aber im Bett lag, kam er gekrochen und sprach: »Ich bin müde, ich will schlafen so gut wie du: heb mich herauf, oder ich sag's deinem Vater.«

Ist es ein Wunder, dass es die jüngste Königstochter vor diesem kalten, garstigen Frosch graut? Würden wir uns nicht auch ekeln, wenn wir uns nur bildhaft genug vorstellten, dass auf unserem Tellerrand ein glitschig-kalter Frosch säße, der dieselbe Suppe schlürft, die wir gerade löffeln? Das kann man der Königstochter nicht verübeln. Das Groteske ist jedoch, dass sich die Menschheit in eben gerade dieser Situation heute befindet, nur ekelt sich dabei kaum jemand. Nehmen wir einen normalen Tag und beobachten, in welchem Umfang wir den rein materiellen Angelegenheiten erlauben, unser Seelenleben auszufüllen und vergleichen dies mit der Zeit, die wir unserem geistigen Ringen einräumen. Es mag ein leises Unbehagen entstehen, aber von Ekel sind wohl die meisten Menschen weit entfernt. Die materielle Welt hat für die körperliche Ebene volle Berechtigung, auch ist sie zur Erkraftung der Seele notwendig, *aber in das Gebiet des Geistes* (Bett) *darf der Mensch die materielle Welt* (Frosch) *nicht tragen wollen,* wenn er seinen Ursprung nicht gänzlich verlieren will. Auf diesem Hintergrund müssen wir es sogar als Notwendigkeit empfinden, dass die Prinzessin den Frosch mit ganzer Kraft gegen die Wand schmeißt. Ins Bett darf er nicht hinein. Ebenso wenig darf die Menschheit diesen Moment verschlafen.

> *Da ward sie erst bitterböse, holte ihn herauf und warf ihn aus allen Kräften wider die Wand. »Nun wirst du Ruhe haben, du garstiger Frosch.« Als er aber herabfiel, war er kein Frosch, sondern ein Königssohn mit schönen und freundlichen Augen.*

Die Königstochter erlebt eine sich steigernde Verzweiflung. Ihre Seele spannt sich in ständiger Selbstüberwindung bis zum Äußersten, und nahezu explosiv bricht es aus ihr hervor: Sie schmeißt den Frosch an die Wand, und ein Königssohn steht vor ihr. Ein emotional randvolles Bild für einen wesentlichen Augenblick der Menschheitsentwicklung: *Der Mensch muss an der materiellen Welt* (Frosch) *eine so große Ich-Stärke entwickeln, dass er im rechten Moment die stärkste Impulsivität besitzt, um erneut das Geistige* (Königssohn) *hinter der Materie zu erblicken.* Deshalb musste die materielle Welt geschaffen werden. Indem der Mensch die Materie mit derselben ICH-Kraft durchdringt, die er an ihr gewonnen hat, zerbricht er ihren »Zauberbann«. So wird sie »erlöst«. Von allen Menschengeschlechtern vermag dies nur das unsrige. Daher ist es vollkommen richtig, wenn der Königssohn sagt, dass allein die Königstochter diese Erlösung habe vollbringen können.

Der war nun nach ihres Vaters Willen ihr lieber Geselle und Gemahl. Da erzählte er ihr, er wäre von einer bösen Hexe verwünscht worden, und niemand hätte ihn aus dem Brunnen erlösen können als sie allein, und morgen wollten sie zusammen in sein Reich gehen. Dann schliefen sie ein, und am andern Morgen, als die Sonne sie aufweckte, kam ein Wagen herangefahren, mit acht weißen Pferden bespannt, die hatten weiße Straußfedern auf dem Kopf und gingen in goldenen Ketten, und hinten stand der Diener des jungen Königs, das war der treue Heinrich. Der treue Heinrich hatte sich so betrübt, als sein Herr war in einen Frosch verwandelt worden, dass er drei eiserne Bande hatte um sein Herz legen lassen, damit es ihm nicht vor Weh und Traurigkeit zerspränge. Der Wagen aber sollte den jungen König in sein Reich abholen; der treue Heinrich hob beide hinein, stellte sich wieder hinten auf und war voller Freude über die Erlösung. Und als sie ein Stück Wegs gefahren waren, hörte der Königssohn, dass es hinter ihm krachte, als wäre etwas zerbrochen. Da drehte er sich um und rief: »Heinrich, der Wagen bricht.«
»Nein, Herr, der Wagen nicht, es ist ein Band von meinem Herzen, das da lag in großen Schmerzen, als Ihr in dem Brunnen saßt, als Ihr eine Fretsche (Frosch) wast (wart).« Noch einmal und noch einmal krachte es auf dem Weg, und der Königssohn meinte immer, der Wagen bräche, und es waren doch nur die Bande, die vom Herzen des treuen Heinrich absprangen, weil sein Herr erlöst und glücklich war.

Das glückliche Ehepaar fährt in ein neues Reich. Damit wird die Zukunft der Menschheit angedeutet. Es wird eine Zeit kommen, in der das menschliche ICH an der physischen Welt so stark geworden ist, dass es die kosmische Weisheit wieder finden kann, die es mit der

»goldenen Kugel« verloren hat. Am Anfang des Märchens spielte die Königstochter mit ihrer Kugel im dunklen Wald. Im Abschlussbild hingegen fährt das junge Königspaar mit der Kutsche der aufgehenden Sonne entgegen. Aus der unbewussten kosmischen Weisheit (dunkel) ist eine Weisheit geworden, über die der Mensch nun mit voller Bewusstheit verfügen wird (hell). Dann wird die physische Erde als Grundlage seiner geistigen Entwicklung in dieser Art nicht mehr benötigt. Darauf wollen uns die acht Pferde hinweisen, welche das Königspaar in ihr neues Reich bringen. Unsere Zeit gliedert sich in sieben Epochen (»Sneewittchen«) – mit der achten wird die Menschheit die Ebene einer ganz neuen Entwicklung erreichen.

Nun erst können dem treuen Heinrich die drei eisernen Banden aufspringen, die sein Herz umschlossen hielten. Einleitend wurde gesagt, dass die Wesen der übersinnlichen Welten von der Sonne freudig auf das jüngste Menschengeschlecht herabblicken. Die Tätigkeit der geistigen Wesen beschränkt sich aber nicht auf ein wohlgefälliges Betrachten, sondern sie schufen mit der Erde überhaupt erst die Möglichkeit zur Freiheit des Menschengeschlechtes. Nicht eine einzige Blume vermag ohne die Hilfe dieser Wesen zu blühen. Unendlich selbstlose und hingebungsvolle Arbeit der geistigen Welten ist fortwährend notwendig, damit sich die Menschheit auf diesem Planeten entwickeln kann. Damit hat sich der geistige Kosmos für den Menschen freiwillig in die Rolle der *Dienerschaft* begeben.

Das unendliche und unausweichliche Leid, durch das die Menschheit im Laufe ihres Erdenweges gehen muss, wird von den Wesenheiten der übersinnlichen Welten miterlebt. Dies sind die *drei eisernen Banden* des Heinrich. In abgeschwächter Form erleben vielleicht Eltern einen solchen Schmerz, wenn sie beobachten müssen, wie ihre Kinder durch große Krisen- und Leiderfahrungen geführt werden. Im Heinrich haben wir daher diejenigen Wesen der übersinnlichen Welten zu sehen, welche sich in ihrer Erhabenheit zum Diener des Menschgeschlechtes machen, im bewussten Miterleiden des Schmerzes seinen Weg begleiten und ihn schließlich in sein neues Reich führen werden.

Verdichtung

Die Bewusstseinsentwicklung machte es notwendig, dass der Menschheit ihr »liebstes Spielwerk« aus den Händen fallen musste. Die goldene Kugel ist das Bild der einst göttlich-geistigen Weisheit, welche die Menschheit in alten Zeiten unbewusst in ihren Händen trug. Nur auf dem Weg durch die verdichtete Materie (Frosch) ist die Menschheit in der Lage, diese entfallene Weisheit wieder zu erlangen. Der Frosch knüpft daran jedoch ungeheuer weittragende Bedingungen. Am Ende will er sogar in dem seidenen Bettchen der Prinzessin schlafen. Bevor dies geschehen kann, wirft sie ihn mit größter Impulsivität gegen die Wand. Der Zauberbann zerbricht.

Für die seelisch-geistige Entwicklung des Menschen wurde die materielle Welt geschaffen. Er kann nun seinerseits den »Zauberbann« der Materie zerbrechen, indem er sie mit derselben ICH-Kraft durchdringt, die er an ihr gewonnen hat. Sie wird »erlöst«, wenn der Mensch ihr Wesen durchschaut. So wird er seine einst verlorene Weisheit wieder finden. Die göttlich-geistige Welt ermöglicht diese Entwicklung, denn sie begibt sich freiwillig für den Menschen in die Rolle der Dienerschaft (der eiserne Heinrich).

Rumpelstilzchen

In dem Märchen »Rumpelstilzchen« erscheinen vier Personen: Der Müller, die Müllerstochter, der König und Rumpelstilzchen. Jedes dieser vier Einzelbilder malt einen Bereich unseres Seelenlebens. Das Märchen zeigt daher nicht, wie vier Individualitäten einander begegnen, sondern wo jeder Mensch in seinem Inneren *sein* Rumpelstilzchen, *seinen* König, *seinen* Müller und selbstverständlich *seine* Müllerstochter findet.

Es war einmal ein Müller, der war arm, aber er hatte eine schöne Tochter. Nun traf es sich, dass er mit dem König zu sprechen kam, und um sich ein Ansehen zu geben, sagte er zu ihm: »Ich habe eine Tochter, die kann Stroh zu Gold spinnen.« Der König aber sprach: »Das ist eine Kunst, die mir wohl gefällt, wenn deine Tochter so geschickt ist, wie du sagst, so bring sie morgen in mein Schloss, da will ich sie auf die Probe stellen.«

Das Märchen erzählt uns von einem armen Müller. Dieser weiß dem König von einer besonderen Begabung seiner Tochter zu erzählen. Warum hilft diese kostbare Fähigkeit den beiden jedoch nicht aus ihrer Armut? Bei einer äußerlichen Betrachtung der Bilder müsste man an dieser Stelle einwenden: Wenn die Tochter tatsächlich Stroh zu Gold verspinnen könnte, würde der Müller wohl kaum als arm zu bezeichnen sein, denn Stroh und ein Spinnrad wird er wohl besessen haben. Wie kann also der Vater so etwas von seiner Tochter behaupten? Betrachten wir das Bild auf der Seelenebene, so ergibt sich ein anderer Zusammenhang: In den Tiefen unserer Seele liegen eine Fülle von Anlagen, Potenzialen und Möglichkeiten verborgen, die in uns schlafen und gleich ungehobenen Schätzen darauf warten, ans Tageslicht gebracht zu werden. Diese Veranlagungen werden in dem Märchen durch die *Müllerstochter* symbolisiert. Bleiben die

Schätze ungehoben, so sind sie bedeutungslos. Aus diesem Grund ändert die Gabe der Tochter auch momentan nichts an ihrer Armut. Erst wenn sie entdeckt und ergriffen werden, entwickeln sie ihren Wert. Diese entscheidende Aufgabe obliegt dem Müller. Er bringt das Rad der Entwicklung in Gang. Von ihm ist im ganzen weiteren Märchen nicht mehr die Rede. Wesentlich ist, in welchem Moment es den Müller drängt, von der außergewöhnlichen Fähigkeit seiner Tochter zu sprechen. Der Anblick des Königs ermuntert ihn dazu. Damit ist ein tieferer Sinn verbunden.

Wo entdecken wir in unserem Inneren die Gestalt des Königs? In seinem Reich ist er ein Herrscher. Zu Königen werden wir überall dort, wo *wir* eine Fähigkeit *beherrschen*. Hier strahlen wir eine selbstverständliche Autorität aus, die nach keiner Begründung verlangt (»die Qualität des Königs«). Während wir mit der Müllerstocher am Anfang unserer Anlagen stehen, erblicken wir im König unsere bereits ausgebildeten Fähigkeiten. Hinter jeder Anlage (Müllerstochter) steht zart das Bild ihrer Vollendung (König). Mag dieses Bild auch noch so fein oder unbewusst in uns leben – letztendlich liegt darin die Motivation unseres Strebens.

Zusammenfassend kann man sagen: *Im Müller haben wir den tiefverankerten Impuls unserer Seele dargestellt, aus unseren schlummernden Veranlagungen* (Müllerstochter) *kostbare Fähigkeiten* (König) *zu machen.* Das ist das Zentralmotiv des Märchens. Diese einzelnen Aspekte unserer Seele werden nun in ein wunderbar dynamisches Verhältnis gebracht, in welchem schließlich auch Rumpelstilzchen sein Werk verrichtet.

Als nun das Mädchen zu ihm gebracht ward, führte er es in eine Kammer, die ganz voll Stroh lag, gab ihr Rad und Haspel und sprach: »Jetzt mache dich an die Arbeit, und wenn du diese Nacht durch bis morgen früh dieses Stroh nicht zu Gold versponnen hast, so musst du sterben.« Darauf schloss er die Kammer selbst zu, und sie blieb allein darin.

Zuerst erschrickt man vor dieser scheinbar völlig überzogenen und unverhältnismäßigen Forderung. Da soll die Müllerstochter sterben, wenn sie das Spinnen nicht zustande bringt. Man könnte denken, dass es sinnvoller wäre, sie nach fehlgeschlagenem Versuch einfach laufen zu lassen. Auf der Seelenebene wird die Forderung des Königs allerdings begreiflich. Hier klingt sie folgendermaßen: Arbeitest du nicht an deiner Veranlagung (Müllerstochter), so muss *sie* verkümmern, also sterben. Nicht von der Willkür des Königs ist dies abhängig, sondern jeder Mensch bestimmt selbst, ob er seine Talente verkümmern lässt. Daher sagt der König auch nicht: »So werde ich dich töten«, sondern: *»So musst du sterben«*.

Der König stellt für diese Arbeit alles bereit: Stroh, Rad und Haspel. Dann verschließt er den Raum. Was auf den ersten Blick nach Freiheitsberaubung aussieht, klärt sich wiederum auf der Seelenebene. Eine gesunde und harmonische Entwicklung braucht den schützenden Raum, welcher störende, ablenkende und zerstreuende Elemente zunächst einmal fern hält. Davon weiß der König. Er richtet es daher so ein, dass er höchstpersönlich alle der Entwicklung negativ gegenüberstehenden Elemente *aus*schließt, indem er den Raum *ab*schließt.

Der Müllerstochter steht für diese Arbeit eine Nacht zur Verfügung. Dies ist die Zeit, in der unser Bewusstsein in eine andere Welt eintaucht. Wir betreten die Sphäre der Nacht und mit der Nacht erscheint nun *Rumpelstilzchen*.

Da saß nun die arme Müllerstochter und wusste um ihr Leben keinen Rat: sie verstand gar nichts davon, wie man Stroh zu Gold spinnen konnte, und ihre Angst ward immer größer, dass sie endlich zu weinen anfing. Da ging auf einmal die Türe auf und trat ein kleines Männchen herein und sprach: »Guten Abend, Jungfer Müllerin, warum weint Sie so sehr?« »Ach«, antwortete das Mädchen, »ich soll Stroh zu Gold spinnen und verstehe das nicht.«

Während dreier Nächte wird Rumpelstilzchen nun erscheinen und die außergewöhnliche Verwandlung von Stroh zu Gold zustande bringen. Dieses Bild hat geradezu alchemistische Anklänge. Betrachten wir die Metamorphose für einen Augenblick genauer. Obwohl beide Stoffe grundverschieden sind, entdecken wir ihre qualitative Gemeinsamkeit in der *Sonne*. Von ihrem Licht erhält das gereifte Korn seine goldgelbe Sonnenfarbe und ebenso strahlt uns ihr warmer Glanz aus dem Golde entgegen. Diese Verbindung ist nicht zufällig gewählt. Hätte Rumpelstilzchen zum Beispiel Erbsenschoten in Silber verwandeln sollen, so empfänden wir unmittelbar die Unrichtigkeit dieses Bildes. Die Metamorphose vollzieht sich bewusst im Zeichen der Sonne.

Jede Nacht taucht der Mensch ganz selbstvergessen in eine übersinnliche Welt ein. Alle Gedanken, Gefühle, Aktivitäten und Eindrücke des Tages nehmen wir mit in diese Sphäre und übergeben sie ihr. Der Rat, schwierige Entscheidungen einmal zu überschlafen, kommt von der Erfahrung, dass die Nacht eine klärende Wirkung hat. Aber diese Veränderung vollzieht sich nicht von allein. *Hilfreiche Wesen der geistigen Welt arbeiten und verwandeln dasjenige, womit wir uns am Tage beschäftigt haben. Sie werden im Märchen durch Rumpelstilzchen symbolisiert, das nicht von dieser Welt zu sein scheint.* Rumpelstilzchen nimmt unser Tätigsein (Stroh) und arbeitet es während der Nacht zu unserm geistigen »Eigentum« (Gold) um. Das sind für den Menschen geheimnisvolle Prozesse, die zumeist seiner Aufmerksamkeit entgehen. Wir können zwar an unseren Anlagen äußerlich üben – zu inneren Fähigkeiten werden sie jedoch erst, wenn die Wesen der geistigen Welt unser Tätigsein gewissermaßen in unsere ICH-Substanz umschmelzen. Ohne ihre Hilfe könnte sich im Menschen keine einzige Fähigkeit bilden und wir wären genauso hilflos, wie die arme Müllerstochter ohne Rumpelstilzchen.

Sprach das Männchen: »Was gibst du mir, wenn ich dir's spinne?« »Mein Halsband«, sagte das Mädchen. Das Männchen nahm das Halsband, setzte sich vor das Rädchen, und schnurr, schnurr,

schnurr, dreimal gezogen, war die Spule voll. Dann steckte es eine andere auf, und schnurr, schnurr, schnurr, dreimal gezogen, war auch die zweite voll; und so ging's fort bis zum Morgen, da war alles Stroh versponnen, und alle Spulen waren voll Gold. Bei Sonnenaufgang kam schon der König, und als er das Gold erblickte, erstaunte er und freute sich, aber sein Herz ward nur noch goldgieriger. Er ließ die Müllerstochter in eine andere Kammer voll Stroh bringen, die noch viel größer war, und befahl ihr, das auch in einer Nacht zu spinnen, wenn ihr das Leben lieb wäre. Das Mädchen wusste sich nicht zu helfen und weinte, da ging abermals die Türe auf, und das kleine Männchen erschien und sprach: »Was gibst du mir, wenn ich dir das Stroh zu Gold spinne?« »Meinen Ring von dem Finger«, antwortete das Mädchen. Das Männchen nahm den Ring, fing wieder an zu schnurren mit dem Rade und hatte bis zum Morgen alles Stroh zu glänzendem Gold gesponnen. Der König freute sich über die Maßen bei dem Anblick, war aber noch immer nicht Goldes satt, sondern ließ die Müllerstochter in eine noch größere Kammer voll Stroh bringen und sprach: »Die musst du noch in dieser Nacht verspinnen: gelingt dir's aber, so sollst du meine Gemahlin werden.« »Wenn's auch eine Müllerstochter ist«, dachte er, »eine reichere Frau finde ich in der ganzen Welt nicht.«

Warum ist der König nicht mit *einer* Kammer voll Gold zufrieden? Wir haben die Zahl Drei qualitativ und nicht im Sinne einer Menge aufzufassen. Sie ist Ausdruck unserer inneren Entwicklung (»die Qualität der Zahl Drei«). Durch fortschreitendes Üben erweitern sich die Befähigungen des Menschen und damit braucht der Wille immer höhere Hürden. Auf diesem Hintergrund ist es geradezu notwendig, dass die Kammern immer größer werden. Würde man die Steigerung als Gier des Königs verstehen wollen, so wäre der tiefere Blick auf die Bedeutung dieser Entwicklung verstellt.

Als das Mädchen allein war, kam das Männlein zum drittenmal wieder und sprach: »Was gibst du mir, wenn ich dir noch diesmal das Stroh spinne?« »Ich habe nichts mehr, das ich geben könnte«, antwortete das Mädchen. »So versprich mir, wenn du Königin wirst, dein erstes Kind.« »Wer weiß, wie das noch geht«, dachte die Müllerstochter und wusste sich auch in der Not nicht anders zu helfen; sie versprach also dem Männchen, was es verlangte, und das Männchen spann dafür noch einmal das Stroh zu Gold. Und als am nächsten Morgen der König kam und alles fand, wie er gewünscht hatte, so hielt er Hochzeit mit ihr, und die schöne Müllerstochter ward eine Königin.

Die nächtliche Arbeit wird von den geistigen Wesen nicht bedingungslos geleistet. Sie fordern einen Lohn. Rumpelstilzchen erhält ein Halsband, einen Ring und zuletzt noch das Versprechen auf das erste Kind der zukünftigen Königin. Diese Bilder deuten auf die drei Urtätigkeiten der menschlichen Seele: Das Halsband weist auf den Kopf, wo sich das Organ des *Denkens* befindet, der Ring bezeichnet die Hände, mit denen unser *Wollen* offenbar wird, und das Kind wächst in der Mitte heran und verbindet sich mit dem *Fühlen*. Denken, Fühlen und Wollen sind die drei Grundregungen unserer Seele. Wie ist es jedoch zu verstehen, dass die geistige Welt aus diesen Bereichen für ihre Tätigkeit einen Lohn will? Auf der Stufe der heutigen Entwicklung kommt es zunehmend darauf an, dass der Mensch selbst an seinem geistigen Fortschreiten mitwirkt. Was in früheren Zeiten an dem Menschen wie von außen bewirkt werden konnte, geschieht heute nur noch, wenn der Mensch willentlich an sich arbeitet. Er kann dies tun, indem er sich mit einem energischen Willen, einem durchglühten Gefühl und einem klaren Denken in die Welt zu stellen versucht. Und gerade dies ist es, was Rumpelstilzchen, bzw. die hilfreichen Wesen der geistigen Welt als Voraussetzung ihrer Arbeit benötigen.

Über ein Jahr brachte sie ein schönes Kind zur Welt und dachte gar nicht mehr an das Männchen: Da trat es plötzlich in ihre Kammer und sprach: »Nun gib mir, was du versprochen hast.« Die Königin aber erschrak und bot dem Männlein alle Reichtümer des König-

reichs an, wenn es ihr das Kind lassen wollte. Aber das Männlein sprach: »Nein, etwas Lebendes ist mir lieber als alle Schätze der Welt.« Da fing die Königin so an zu jammern und zu weinen, dass das Männchen Mitleid mit ihr hatte: »Drei Tage will ich dir Zeit lassen«, sprach es, »wenn du bis dahin meinen Namen weißt, so sollst du dein Kind behalten.«

Hier schließt sich der Kreis. Ausgehend vom Anfangsimpuls des Müllers wird seine Tochter in den Königsstand erhoben. Unsere Anlage hat sich somit zu einer kostbaren Fähigkeit gewandelt. Das Märchen könnte nun eigentlich zu Ende sein, wäre da nicht das Kind, das die damalige Müllerstochter dem Rumpelstilzchen versprochen hatte. Das Kind symbolisiert, wie oben erwähnt, das menschliche Fühlen. Warum nimmt es diese Schlüsselstellung ein? Das Gefühl ist der größte Erwecker des menschlichen Bewusstseins und stellt somit unsere verletzlichste Stelle dar. Hier setzt Rumpelstilzchen an und stellt die Frage nach seinem Namen. Warum ist dieser so wichtig? *Wenn man das Männlein benennen kann, so kennt man auch die Bedeutung der hilfreich-geistigen Wesen für das menschliche Leben. Dazu möchte Rumpelstilzchen den Menschen führen. Dieser soll sich seines unmittelbaren Zusammenhangs mit der geistigen Welt bewusst werden.*

Zwar bietet die Königin dem Rumpelstilzchen alle Reichtümer des Königreiches an, aber dieses ist daran überhaupt nicht interessiert. Als Repräsentant der übersinnlichen Welt sind ihm die Reichtümer der irdischen Welt vollkommen gleichgültig. Wert hat nur das Leben. Insofern ist seine Erwiderung sehr bezeichnend: *»… etwas Lebendes ist mir lieber …«*

Nun besann sich die Königin die ganze Nacht über auf alle Namen, die sie jemals gehört hatte, und schickte einen Boten über Land, der sollte sich erkundigen weit und breit, was es sonst noch für Namen gäbe. Als am andern Tag das Männchen kam, fing sie an mit Kaspar, Melchior, Balzer und sagte alle Namen, die sie wusste, nach der Reihe her, aber bei jedem sprach das Männlein:

»So heiß ich nicht.« Den zweiten Tag ließ sie in der Nachbarschaft herumfragen, wie die Leute da genannt würden, und sagte dem Männlein die ungewöhnlichsten und seltsamsten Namen vor: »Heißt du vielleicht Rippenbiest oder Hammelswade oder Schnürbein?« Aber es antwortete immer: »So heiß ich nicht.«

Wiederum erscheint die Zahl Drei. Jetzt taucht Rumpelstilzchen jedoch am Tage auf. Wir haben es mit einer Entwicklung zu tun, die sich ganz im Lichte des Bewusstseins abspielt. Gleich einer *Selbsterkenntnis* wird die Königin dazu veranlasst, in sich hineinzuschauen und zu forschen, was Rumpelstilzchen eigentlich ist. Ihr Suchen dringt immer tiefer – der Umkreis ihres Forschens erweitert sich. Es tauchen sogar die *»ungewöhnlichsten und seltsamsten«* Zusammenhänge auf. Schließlich empfängt die Königin den Boten, der in ihrem Auftrag die weitreichendsten Untersuchungen angestellt hat.

Den dritten Tag kam der Bote wieder zurück und erzählte: »Neue Namen habe ich keinen einzigen finden können, aber wie ich an einen hohen Berg um die Waldecke kam, wo Fuchs und Has sich gute Nacht sagen, so sah ich da ein kleines Haus, und vor dem Haus brannte ein Feuer und um das Feuer sprang ein gar zu lächerliches Männchen, hüpfte auf einem Bein und schrie:

»Heute back ich, morgen brau ich,
übermorgen hol ich der Königin ihr Kind,
ach, wie gut, dass niemand weiß, dass ich Rumpelstilzchen heiß,
ach, wie gut, dass niemand weiß, dass ich Rumpelstilzchen heiß.«

Das Backen und Brauen verweist wiederum auf das Korn (Stroh) am Anfang des Märchens. Es wird verarbeitet und umgewandelt, aber es erscheint nicht Gold, sondern beim Brauen entsteht Alkohol. Dies ist das Gegenteil von dem erstrebten Ziel: Mit dem Alkohol werden die Bewusstseinsprozesse des Menschen herabgesetzt und verdunkelt.

Da könnt ihr denken, wie die Königin froh war, als sie den Namen hörte, und als bald hernach das Männlein hereintrat und fragte: »Nun, Frau Königin, wie heiß ich?«, fragte sie erst: »Heißest du Kunz?« »Nein«. »Heißest du Heinz?« »Nein.« »Heißt du etwa Rumpelstilzchen?« »Das hat dir der Teufel gesagt, das hat dir der Teufel gesagt«, schrie das Männlein und stieß mit dem rechten Fuß vor Zorn so tief in die Erde, dass es bis an den Leib hineinfuhr, dann packte es in seiner Wut den linken Fuß mit beiden Händen und riss sich selbst mitten entzwei.

Am Ende ist die Königin sogar zum Scherzen aufgelegt. Gleichsam spitzbübisch verrät sie Rumpelstilzchens Namen erst beim dritten Anlauf. Scherzen kann man nicht, wenn man überfordert ist, sondern nur, wenn man seelisch aus einem Überschuss schöpfen kann. Rumpelstilzchen ist erkannt worden und steht somit im Lichte des Bewusstseins. Ein Stück bewusster hat der Mensch seinen Zusammenhang mit dem geistigen Kosmos ergreifen können. Als Geschöpf der Nacht, bzw. der geistigen Welt darf Rumpelstilzchen verschwinden, nachdem es sein Werk verrichtet hat. Es gestaltet seinen Abgang jedoch in sehr dramatischer Weise, indem es sich selbst zerreißt!

Verdichtung

In jedem Menschen schlummern viele Veranlagungen, die darauf warten, ausgebildet zu werden. Sollen sie jedoch für das Leben einen Wert bekommen, so muss der Mensch sie ergreifen und ausbilden. Aber selbst wenn wir intensiv an unseren Anlagen arbeiten, würde sich dadurch allein noch keine einzige Fähigkeit bilden können. Die Wesen der geistigen Welt müssen dafür unser Tätigsein vom Tage während unseres Schlafes gleichsam umschmelzen. Ohne ihre Hilfe wären wir genauso hilflos wie die Müllerstochter ohne Rumpelstilzchen. Dieses will jedoch erkannt werden. Kennt man seinen Namen, so weiß man von der Bedeutung der hilfreichen Wesen für das menschliche Leben. Der Mensch soll sich seines Zusammenhangs mit der geistigen Welt erneut bewusst werden.

Frau Holle

Eine Witwe hatte zwei Töchter, davon war die eine schön und fleißig, die andere hässlich und faul. Sie hatte aber die hässliche und faule, weil sie ihre rechte Tochter war, viel lieber, und die andere musste alle Arbeit tun und der Aschenputtel im Hause sein.

Es ist immer wieder verblüffend, mit welcher Klarheit und Einfachheit die Grimmschen Märchen ihre Bilder wählen. Zwei Mädchen werden beschrieben, die gegensätzlicher nicht sein könnten. Obwohl sie denselben Weg beschreiten und denselben Vorkommnissen begegnen, ist das Ergebnis doch vollkommen unterschiedlich. Die Spannung des Märchens lebt aus dieser starken Polarität: Das eine Mädchen ist schön und fleißig, das andere hässlich und faul. Echte Märchen sind aber nie moralisch, weshalb man diese Eigenschaften, wie es häufig gemacht wird, auch nicht mit »gut und böse« übersetzen darf.

Was bedeutet *Schönheit* für das Seelische? Äußere Schönheit ist stark von dem Zeitgeschmack abhängig und somit auch großen Veränderungen unterworfen: Was früher als schön galt, wird heute sogar manchmal als unschön empfunden. Betrachten wir aber die Schönheit seelisch, so strahlt sie aus dem Inneren des Menschen als Wärme und Licht wie von einer kleinen Sonne. Einer hässlichen Seele fehlt dieses Strahlen.

Auch der *Fleiß* ist eine Eigenschaft der Seele. Richtet sie ihre Aktivität auf sich selbst, so übt die Seele Selbsterziehung. Dadurch ruft der Mensch Veränderungen in seinem Inneren planvoll hervor. Die seelische Bequemlichkeit oder Faulheit scheut sich vor dieser ICH-Aktivität und überlässt sich dem Lauf der Dinge.

Mit der schönen und fleißigen Tochter identifiziert man sich gern und man empfindet Genugtuung, wenn die Faule das Pech abbekommt. *Bedeutungsvoll wird das Märchen aber erst in dem Moment, wenn wir neben der Goldmarie auch die Pechmarie in der eigenen Seele entdecken.* Wir würden uns täuschen, wenn wir meinen, die Pechmarie hätte mit uns nichts zu tun.

Das hässliche und faule Mädchen – auch dies ist ein wesentlicher Unterschied – hat eine Mutter, die Schöne und Fleißige hingegen nur eine Stiefmutter. Wenn das Märchen die Blutsbande durchbricht, dann öffnet sich für die Seele immer ein Raum individueller Entwicklung. Blutskräfte wollen den Menschen an Vergangenheit und Traditionen binden. Im Durchbrechen dieser Bande kann der Mensch die Impulse seines eigenen Wesens zum Maßstab seiner Entwicklung machen. Aus diesem Grund wählt das Märchen für die Goldmarie eine Stiefmutter (»die Qualität des Blutes«).

Das arme Mädchen musste sich täglich auf die große Straße bei einem Brunnen setzen und musste so viel spinnen, dass ihm das Blut aus den Fingern sprang.

Dies ist verwunderlich. Man hätte erwartet, dass die Stiefmutter dem Aschenputtel eine versteckte, dunkle Kammer für die Arbeit zuweisen würde. Aber genau das Gegenteil ist der Fall. Die schöne und fleißige Tochter muss sich an die Straße setzen. Was passiert an einem solchen Ort? Hier spielt sich das Leben ab. Die Straße ist das Verbindungsstück zur Ferne. Dort dürfen der Seele sozusagen »Flügel wachsen«. In der Seelenhaltung der Goldmarie stellt sich der Mensch daher aktiv ins Leben.

Nun trug es sich zu, dass die Spule einmal ganz blutig war, da bückte es sich damit in den Brunnen und wollte sie abwaschen; sie sprang ihm aber aus der Hand und fiel hinab.

Beim Spinnen wird aus der weichen Wolle ein durchgängiger und fester Faden gefertigt. Im Märchen symbolisiert dieser den *Lebensfaden* des Menschen. Wenn er abreißt oder den Händen entgleitet, tritt der physische Tod ein.

Die Goldmarie spinnt so intensiv, dass sich die Spule von ihrem Blut ganz rot färbt. Im Blut haben wir den physischen Ausdruck des menschlichen ICH (»die Qualität des Blutes«). Übertragen wir dieses Bild auf die Seelenebene: Wenn der Mensch sein Leben ganz in die eigenen Hände nimmt (Faden), dann durchtränkt er seine Biographie mit starken ICH-Kräften (Blut). Die blutige Spindel wird zum Symbol einer aktiven und selbst bestimmten Lebenshaltung. Wenn dem Menschen, ähnlich wie der Goldmarie die Spule, sein Lebensfaden entgleitet, so tritt der physische Tod ein. Jetzt muss das Mädchen der Spindel notwendigerweise folgen. Scheint die Anweisung der Stiefmutter auch auf den ersten Blick bösartig, so wird sie auf diesem Hintergrund zu einer objektiven Notwendigkeit.

Es weinte, lief zur Stiefmutter und erzählte ihr das Unglück. Sie schalt es aber so heftig und war so unbarmherzig, dass sie sprach: »Hast du die Spule hinunterfallen lassen, so hol sie auch wieder herauf.« Da ging das Mädchen zu dem Brunnen zurück und wusste nicht, was es anfangen sollte; und in seiner Herzensangst sprang es in den Brunnen hinein, um die Spule zu holen.

Der Brunnen symbolisiert das Tor zu einer Welt jenseits des Physischen. Seine Wasseroberfläche ist wie ein Spiegel, der den Blick in die Tiefe verhindert. Erst wenn man ihn gleichsam durchstößt, sieht man, was dahinter liegt. Daher springt das Mädchen in den Brunnen und verliert das Bewusstsein. Auf den Menschen bezogen wird hiermit der Augenblick des Todes beschrieben. Hat er ihn durchschritten, erwacht er für die übersinnliche Welt.

Es verlor die Besinnung, und als es erwachte und wieder zu sich kam, war es auf einer schönen Wiese, wo die Sonne schien und vieltausend Blumen standen. Auf dieser Wiese ging es fort und kam zu einem Backofen, der war voller Brot; das Brot aber rief: »Ach, zieh mich raus, zieh mich raus, sonst verbrenn ich: ich bin schon längst ausgebacken.« Da trat es herzu und holte mit dem Brotschieber alles nacheinander heraus. Danach ging es weiter und kam zu einem Baum, der hing voll Äpfel, und rief ihm zu: »Ach, schüttel mich, schüttel mich, wir Äpfel sind alle miteinander reif.« Da schüttelte es den Baum, dass die Äpfel fielen, als regneten sie, und schüttelte, bis keiner mehr oben war; und als es alle in einen Haufen zusammengelegt hatte, ging es wieder weiter.

Das Mädchen wacht auf einer wunderschönen Wiese auf. Dies ist allerdings kein Ort, an dem man sich sonnt und ein schönes Schläfchen hält nach dem Motto: »Ruhe in Frieden!« Es stellen sich der Goldmarie fast unmittelbar zwei Aufgaben: Sie soll Brot aus einem Ofen holen und Äpfel von einem Baum ernten. Beide Prozesse sind an ihrem Ende angelangt. Die Reifung ist abgeschlossen. In der Welt, in welcher sich das Mädchen nun befindet, geht es nicht darum, Brot zu backen, sondern das fertige Brot entgegenzunehmen. In der übersinnlichen Welt treten die Früchte unseres Lebens gleichsam gereift an uns heran und dürfen nun eingesammelt werden.

»Denn alles, was in der geistigen Welt geschieht zwischen dem Tod und einer neuen Geburt, ist Folge desjenigen, was in der physischen Welt geschieht zwischen der Geburt und dem Tode. Zwar ist das, was in der geistigen Welt ist, wie wir gesehen haben, so anders, dass wir uns ganz neue Vorstellungen und Begriffe aneignen müssen, wenn wir die geistige Welt verstehen wollen. Aber dennoch: wie Ursache und Wirkung hängen die beiden gegenseitig zusammen. Nur dann verstehen wir die Zusammenhänge zwischen dem Geistigen und dem Physischen, wenn wir sie als Zusammenhänge von Ursache und Wirkung wirklich erkennen. Vorbereiten müssen wir uns in der physischen Welt.« *(Rudolf Steiner GA 153 4. Vortrag)*

Endlich kam es zu einem kleinen Haus, daraus guckte eine alte Frau, weil sie aber so große Zähne hatte, ward ihm angst, und es wollte fortlaufen. Die alte Frau aber rief ihm nach: »Was fürchtest du dich, liebes Kind? Bleib bei mir, wenn du alle Arbeit im Hause ordentlich tun willst, so soll dir's gut gehen. Du musst nur Acht geben, dass du mein Bett gut machst und es fleißig aufschüttelst, dass die Federn fliegen, dann schneit es in der Welt; ich bin die Frau Holle.« Weil die Alte ihm so gut zusprach, so fasste sich das Mädchen ein Herz, willigte ein und begab sich in ihren Dienst. Es besorgte auch alles nach ihrer Zufriedenheit und schüttelte ihr das Bett immer gewaltig, auf dass die Federn wie Schneeflocken umherflogen; dafür hatte es auch ein gut Leben bei ihr, kein böses Wort und alle Tage Gesottenes und Gebratenes.

Wer ist Frau Holle? Von ihr wird nur gesagt, dass sie alt sei und große Zähne habe. Das ist nicht viel, um aus der Qualität des Bildes ihre Bedeutung herauszuschälen. Umso intensiver müssen wir uns daher mit den gegebenen Symbolen beschäftigen.

Offensichtlich ist, dass das Märchen auf die Bedeutung der Zähne durch ihre Größe besonders hinweisen möchte. In unserer »Zahn-Biographie« gibt es einen einmaligen Zeitraum um das 6./7. Lebensjahr herum. Hier werden die Milchzähne langsam durch die bleibenden Zähne ersetzt. Der Mensch bringt damit nicht nur seine härteste Substanz in die endgültige Position, sondern er gestaltet gleichzeitig seinen gesamten Kräfteorganismus um. Ein Teil der Kräfte, die bis dahin unseren Leib aufbauten, wird nun freigesetzt. Will man ihnen einen Namen geben, aus dem ihre Eigenschaften hervorgehen, so kann man sie als Bilde-, Lebens- oder Vitalkräfte bezeichnen. Sie sind rein geistiger Natur. Mit dem Zahnwechsel lösen sie sich von unserer physischen Organisation und stellen sich in ihrer ganzen Vitalität unserer Seele zur Verfügung. Das Bild der großen Zähne deutet also einerseits auf die *besonders starke Lebenskraft* der Frau Holle hin. Auf der anderen Seite ist die Farbe der Zähne wichtig. Das Weiß symbolisiert die Eigenschaft *hoher Weisheit* (»die Qualität der weißen Farbe«). Ihr Alter verweist auf eine dritte Qualität, welche sich auf die *Dauer* ihres Lebens bezieht.

Wenn wir die Eigenschaften von Weisheit, Dauer und großer Lebenskraft zusammenführen, so beschreiben sie die Natur unseres

Höheren Selbst. Der Mensch verbindet sich mit diesem nach dem physischen Tod in der geistigen Welt. Daher wohnt die Goldmarie zusammen mit Frau Holle in jenem »*kleinen Haus*«. Dass dem Mädchen im ersten Augenblick angst und bange wird, ist nicht weiter verwunderlich. Wer würde nicht vor der Größe, Weisheit und Lebendigkeit des eigenen Höheren Selbst zurückschaudern, wenn er es mit seinem Erden-ICH vergleichen sollte.

Schüttelt das Mädchen im Hause von Frau Holle ordentlich die Betten, dann schneit es auf der Erde. Das Märchen beschreibt mit diesem Bild, wie innig die geistige Welt mit der physischen zusammenhängt. Weißem Schnee gleich tritt das Handeln eines schöpferischen Menschen aus übersinnlichen Welten in Erscheinung. Schwerelos und unbemerkt legt es sich als Weisheit auf alles Irdische und berührt es in *freilassender* Art.

> *Nun war es eine Zeitlang bei der Frau Holle, da ward es traurig und wusste anfangs selbst nicht, was ihm fehle, endlich merkte es, dass es Heimweh war; ob es ihm hier gleich vieltausendmal besser ging als zu Haus, so hatte es doch ein Verlangen dahin, endlich sagte es zu ihr: »Ich habe den Jammer nach Haus kriegt, und wenn es mir auch noch so gut hier unten geht, so kann ich doch nicht länger bleiben, ich muss wieder hinauf zu den Meinigen.«*

Obwohl es dem Mädchen dort »*vieltausendmal besser*« geht und ihm scheinbar nichts fehlt, hat es nach einer gewissen Zeit Sehnsucht nach den Ihren. Dies ist eine jener Stellen, die uns aufhorchen lassen. Wieso hat die Goldmarie nach der Stiefmutter und ihrer faulen, hässlichen Stiefschwester Heimweh? Das ist auf den ersten Blick reichlich unverständlich. Während die beiden ein faules Leben führten, musste die Goldmarie die unbequeme, dreckige Arbeit machen. Trotzdem will das Mädchen dorthin zurück. Hier macht das Märchen auf etwas Besonderes aufmerksam. Nicht der Zufall bestimmt den Umkreis, in dem wir leben, bestimmt die Menschen, mit denen wir zusammen sind, bestimmt die Herausforderungen, die sich uns stellen. Sie gehören zu uns selbst und sind mit uns verbunden. Wie durch einen unsichtbaren Faden wird der Mensch zu den Seinen und zu seinen Aufgaben geführt.

Die Frau Holle sagte: »Es gefällt mir, dass du wieder nach Haus verlangst, und weil du mir so treu gedient hast, so will ich dich selbst wieder hinaufbringen.« Sie nahm es darauf bei der Hand und führte es vor ein großes Tor. Das Tor ward aufgetan, und wie das Mädchen gerade darunter stand, fiel ein gewaltiger Goldregen und alles Gold blieb an ihm hängen, so dass es über und über davon bedeckt war. »Das sollst du haben, weil du so fleißig gewesen bist«, sprach die Frau Holle und gab ihm auch die Spule wieder, die ihm in den Brunnen gefallen war. Darauf ward das Tor verschlossen, und das Mädchen befand sich oben auf der Welt, nicht weit von seiner Mutter Haus; und als es in den Hof kam, saß der Hahn auf dem Brunnen und rief: »Kikeriki; unsere goldene Jungfrau ist wieder hie.«

Schaut man das Märchenbild ganz von innen an, so sieht man, wie sich hier die Menschenindividualität erneut darauf vorbereitet, sich auf der Erde zu inkarnieren. Sie sucht diejenigen Menschen auf, mit denen sie sich verwoben weiß. Das Mädchen verlässt nun Frau Holle und wird unter dem Tor mit Gold überschüttet. Ebenso bleibt unser Höheres Selbst zurück, wenn wir mit einer neuen Inkarnation die Erde betreten. Dabei tragen wir unser Schicksalskleid. Golden ist es in dem Maße, wie unsere Seele den Charakter der Goldmarie trug. Der Hahn bemerkt das Mädchen als erster und kündigt es an. Er erkennt diese Menschenindividualität wieder.

Sowohl die Goldmarie als auch die Pechmarie haben ihre Wohnstätte in uns. Wenn es uns gelingt, an unserer Seele in der Art zu arbeiten, dass wir fortwährend wahrer und authentischer werden, gleichen wir der Goldmarie. Bei ehrlicher Selbsterkenntnis muss man jedoch sagen, dass dies nicht für alle Aspekte unseres Seins behauptet werden kann. Dort, wo wir den Schritt der Entwicklung nicht gehen und ihm bewusst oder unbewusst ausweichen, finden wir in uns die Pechmarie.

Symbolisieren die beiden Töchter den Raum, in welchem sich unser Seelenleben abspielt, so ist mit der Mutter unsere Seele als Ganzes veranschaulicht. Sie gibt zwar beiden Kindern ein Zuhause, liebt aber ihre leibliche Tochter mehr. Das ist verständlich und leicht nachvollziehbar. Lässt man sich willenlos im Leben treiben, ohne dass das eigene ICH dirigierend gestaltet, kann man die starke Verwandtschaft der Seele zur faulen Tochter erleben: Wie selbstverständlich sucht sie von ganz allein den Weg des geringsten Widerstandes, Vorurteile regeln das Seelengleichgewicht und Veränderungen werden im Leben als bedrohlich ausgeblendet.

Das Mädchen erzählte alles, was ihm begegnet war, und als die Mutter hörte, wie es zu dem großen Reichtum gekommen war, wollte sie der andern hässlichen und faulen Tochter gerne dasselbe Glück verschaffen. Sie musste sich an den Brunnen setzen und spinnen; und damit ihre Spule blutig ward, stach sie sich in die Finger und stieß sich die Hand in die Dornenhecke. Dann warf sie die Spule in den Brunnen und sprang selber hinein. Sie kam, wie die andere, auf die schöne Wiese und ging auf demselben Pfade weiter. Als sie zu dem Backofen gelangte, schrie das Brot wieder: »Ach, zieh mich raus, zieh mich raus, sonst verbrenn ich, ich bin schon längst ausgebacken.« Die Faule aber antwortete: »Da hätt ich Lust, mich schmutzig zu machen«, und ging fort. Bald kam sie zu dem Apfelbaum, der rief: »Ach, schüttel mich, schüttel mich, wir Äpfel sind alle miteinander reif.« Sie antwortete aber: »Du kommst mir recht, es könnte mir einer auf den Kopf fallen«, und ging damit weiter. Als sie vor der Frau Holle Haus kam, fürchtete sie sich nicht, weil sie von ihren großen Zähnen schon gehört hatte, und verdingte sich gleich zu ihr. Am ersten Tag tat sie sich Gewalt an, war fleißig und folgte der Frau Holle, wenn sie ihr etwas sagte, denn sie dachte an das viele Gold, das sie ihr schenken würde; am zweiten Tag aber fing sie schon an zu faulenzen, am dritten noch mehr, da wollte sie morgens gar nicht aufstehen. Sie machte auch der Frau Holle das Bett nicht, wie sich's gebührte, und schüttelte es nicht, dass die Federn aufflogen. Das ward die Frau Holle bald müde und sagte ihr den Dienst auf. Die Faule war das wohl zufrieden und meinte, nun würde der Goldregen kommen; die Frau Holle führte sie auch zu dem Tor, als sie aber darunter stand, ward statt des Goldes ein großer Kessel voll Pech ausgeschüttet. »Das ist zur Belohnung deiner Dienste«, sagte die Frau Holle und schloss das Tor zu.

Die Pechmarie möchte um des Goldes Willen den gleichen Weg wie ihre Schwester beschreiten, doch zeigt sich bei ihr ein groteskes Bild. Die äußeren Gegebenheiten gleichen sich zwar – Spinnrad, Blut, Spule, Sprung – und doch ist alles ins Gegenteil verkehrt. Wir haben das Gefühl von Unwahrhaftigkeit. Alle wesentlichen Prozesse, welche die Goldmarie durchmacht, werden von der Pechmarie umgangen, indem sie ihnen scheinbar elegant ausweicht. Nicht übersehen werden darf jedoch, dass die Pechmarie nicht erntet. Aus ihrer Seelenhaltung ergibt sich nichts, was man einsammeln möchte. Auch die faule Tochter begegnet Frau Holle. Obwohl sie sich am Anfang zur Arbeit zu zwingen versucht, gelingt ihr dies nicht. Ähnlich ist es beim Menschen: Das Erden-ICH kann sich gegenüber seinem Höheren Selbst nicht verstellen. Seine Handlungen sind in der geistigen Welt offenbar.

Da kam die Faule heim, aber sie war ganz mit Pech bedeckt, und der Hahn auf dem Brunnen, als er sie sah, rief: »Kikeriki, unsere schmutzige Jungfrau ist wieder hie.« Das Pech aber blieb fest an ihr hängen und wollte, solange sie lebte, nicht abgehen.

Frau Holle belohnt die Faule nicht mit Gold, sondern mit Pech. Dieses wird an unserem neuen Erdenkleid in dem Maße haften, wie unsere Seelenhaltung der Pechmarie entsprochen hat. Wieder ist es der Hahn, der die Ankunft als erster bemerkt. Sein Kikeriki tönt auch für den Leser gleichsam wie ein Weckruf aus dem Märchen: »Und? Bist du wach? Hast du das Wesentliche bemerkt?«

Verdichtung

Das Märchen von der Frau Holle beschreibt unser Leben über den Tod hinaus bis hinein in die nächste Inkarnation. Es eröffnet einen Zusammenhang zwischen der jeweiligen Aktivität unseres ICH, den zu erntenden Früchten in der geistigen Welt und dem erneuten Hereintragen eines entsprechenden Schicksalkleides in die nächste Inkarnation. Das Märchen moralisiert nicht. Es stellt beide Seelenhaltungen nebeneinander und eröffnet erst dadurch die Freiheit des menschlichen Handelns.

Der Teufel mit den drei goldenen Haaren

Es war einmal eine arme Frau, die gebar ein Söhnlein, und weil es eine Glückshaut um hatte, als es zur Welt kam, so ward ihm geweissagt, es werde im vierzehnten Jahr die Tochter des Königs zur Frau haben. Es trug sich zu, dass der König bald darauf ins Dorf kam, und niemand wusste, dass es der König war, und als er die Leute fragte, was es Neues gäbe, so antworteten sie: »Es ist in diesen Tagen ein Kind mit einer Glückshaut geboren: was so einer unternimmt, das schlägt ihm zum Glück aus. Es ist ihm auch vorausgesagt, in seinem vierzehnten Jahre solle er die Tochter des Königs zur Frau haben.« Der König, der ein böses Herz hatte und über die Weissagung sich ärgerte, ging zu den Eltern, tat ganz freundlich und sagte: »Ihr armen Leute, überlasst mir euer Kind, ich will es versorgen.« Anfangs weigerten sie sich, da aber der fremde Mann schweres Gold dafür bot und sie dachten: »Es ist ein Glückskind, es muss doch zu seinem Besten ausschlagen«, so willigten sie endlich ein und gaben ihm das Kind.

Wir werden uns wohl zuerst darüber verständigen müssen, was das Märchen meint, wenn es vom Glück spricht. Niemals zuvor jagten ihm die Menschen so nach wie in der Gegenwart. Subjektiv betrachtet sind wir glücklich, wenn sich unsere Vorstellungen, Wünsche und Träume erfüllen. Dem gegenüber gibt es jedoch eine Ebene, die mit unserm subjektiven Gefühl zunächst gar nichts zu tun hat. *Versteht sich der Mensch als ein geistiges Wesen, so muss er das als Glück auffassen, was seine Entwicklung befördert.* Denken wir einen Augenblick über diesen Satz nach, so ergibt sich damit eine ganz andere Perspektive auf die Sinnhaftigkeit des Lebens. Freud und Leid verändern ihre Bedeutung. Wenn wir auf unsere Biografie zurückschauen, so werden wir wahrnehmen können, dass es besonders die Leidensprozesse waren, die uns zu den größten Entwicklungsschritten veranlassten. Vom geistigen Standpunkt aus gesehen müssten wir sogar sagen, dass es ein Unglück wäre, wenn wir bestimmte schmerzhafte Situationen nicht erlebt hätten.

Der Junge mit der Glückshaut ist daher ein Mensch, der sein Schicksal annimmt, weil er erstens weiß, dass es gleich einer Haut zu ihm gehört und ihm zweitens deutlich ist, dass ihn das Schicksal nicht hindern, sondern stets fördern will. Jeder, der dieses Vertrauen in die guten Schicksalsmächte entwickeln kann, besitzt bildhaft gesprochen eine solche Glückshaut, von der uns das Märchen erzählt.

Nun taucht ein König auf, von dem gesagt wird, dass er ein böses Herz habe. Dies sind eigentlich zwei Dinge, die nicht so recht zueinander passen. Der Märchenkönig ist der Inbegriff eines gerechten Souveräns. Wie kann er da gleichzeitig böse sein? Man kann sich diesem Widerspruch nur auf qualitativem Wege nähern. Das Böse wirkt verdunkelnd und verdichtend. Was hell und offen war, wird finster und eng. Wenn Geistiges das Prinzip der Verdunklung und Verdichtung auf sich selbst anwendet, so haben wir den Entstehungsmoment von Materie. Sie ist verdichteter, gleichsam geronnener Geist. *Das Märchen symbolisiert mit dem bösen König diejenigen übersinnlichen Wesenheiten, welche diese Verdichtung des Geistes zur Materie im Kosmos bewirken.* Ohne sie hätte die irdische Welt in der Art nicht entstehen können. Gleichzeitig möchten sie den Menschen aber auch an diese irdisch-materielle Welt binden. In der Anthroposophie werden sie als *ahrimanische Wesen* bezeichnet.

Der König gibt den armen Eltern für den Jungen schweres Gold. In einem Märchen übernehmen die leiblichen Eltern stets eine ganz besondere Rolle. Sie weisen uns auf unseren geistigen Ursprung in den übersinnlichen Welten hin. Inkarniert sich der Mensch auf der Erde, so hat dies seinen Preis. Er bezahlt das Eintauchen in die Materie mit dem Abdunkeln seines Bewusstseins von der geistigen Welt.

Der König legte es in eine Schachtel und ritt damit weiter, bis er zu einem tiefen Wasser kam; da warf er die Schachtel hinein und dachte: »Von dem unerwarteten Freier habe ich meiner Tochter geholfen.« Die Schachtel aber ging nicht unter, sondern schwamm wie ein Schiffchen, und es drang auch kein Tröpfchen Wasser hinein. So schwamm sie bis zwei Meilen von des Königs Hauptstadt, wo eine Mühle war, an dessen Wehr sie hängen blieb. Ein Mahlbursche, der glücklicherweise da stand und sie bemerkte, zog sie mit einem Haken heran und meinte große Schätze zu finden, als er sie aber aufmachte, lag ein schöner Knabe darin, der ganz frisch und munter war. Er brachte ihn zu den Müllersleuten, und weil diese keine Kinder hatten, freuten sie sich und sprachen: »Gott hat es uns beschert.« Sie pflegten den Findling wohl, und er wuchs in allen Tugenden heran.

Wenn die armen Eltern ihren Jungen dem König überlassen, so wird hiermit symbolisiert, wie sich der Mensch von der geistigen Welt trennt, um sich auf der Erde zu inkarnieren. Auf dem Strom des Wassers wird der Junge zu den Müllersleuten geleitet. Es ist gleichsam der Fluss, welcher eine Menschenindividualität zu den leiblich-irdischen Eltern führt. Damit erscheint das Handeln des Königs in einem anderen Licht. Wäre das Kind von ihm nicht auf das Wasser gesetzt worden, so hätte es gar nicht zu den Müllersleuten gelangen können. Das Märchen berührt damit auch die Frage, warum der Mensch gerade bei diesen und nicht ganz anderen Eltern geboren wird. Ein Menschen-ICH verfehlt das richtige Elternpaar ebenso wenig, wie der Flusslauf spontan einen Bogen um die Mühle machen könnte. Das herabsteigende ICH wird zu diesem Elternhaus geführt, weil es in ihm die individuell besten Entwicklungsmöglichkeiten vorfindet. Im obigen Sinne bedeutet dies zugleich das größte Glück. Vielleicht mögen wir das bei diesen oder jenen Eltern für recht fragwürdig halten und doch will das menschliche ICH aus einer übergeordneten Weisheit gerade zu einem bestimmten Elternpaar.

Es trug sich zu, dass der König einmal bei einem Gewitter in die Mühle trat und die Müllersleute fragte, ob der große Junge ihr Sohn wäre. »Nein«, antworteten sie, »es ist ein Findling, er ist vor vierzehn

Jahren in einer Schachtel ans Wehr geschwommen, und der Mahlbursche hat ihn aus dem Wasser gezogen.« Da merkte der König, dass es niemand anders als das Glückskind war, das er ins Wasser geworfen hatte, und sprach: »Ihr guten Leute, könnte der Junge nicht einen Brief an die Frau Königin bringen, ich will ihm zwei Goldstücke zum Lohn geben?« »Wie der Herr König gebietet«, antworteten die Leute und hießen den Jungen sich bereithalten. Da schrieb der König einen Brief an die Königin, worin stand: »Sobald der Knabe mit diesem Schreiben angelangt ist, soll er getötet und begraben werden, und das alles soll geschehen sein, ehe ich zurückkomme.«

Der König tritt erneut im 14. Lebensjahr des Jungen in Erscheinung. Damit deutet das Märchen auf die Ebene der *Seele* hin. In diesem Lebensalter beginnt der Mensch in seinem Innern einen neuen Seelenraum zu emanzipieren. Aber neben den Kämpfen der Pubertät fängt jetzt der Heranwachsende an, auch eine individuelle Begeisterung für Ideale zu entwickeln. Diese bildet die Nahrung, welche der Seele den notwendigen Schwung gibt, um den Menschen über sich selbst hinauszuführen.

Gerade zu diesem Zeitpunkt übergibt der König dem Jungen den Brief mit der geheimen Botschaft seines Todes. Diese »Nahrung« ist ganz anderer Art. Die ahrimanischen Wesen wollen der Menschenseele »Steine statt Brot« zu essen geben. Unter ihrem alleinigen Einfluss müsste die Seele verdorren und zugrunde gehen. Wenn jedes Streben nach Geistigem als Spinnerei ausgetrieben und nur das Sichtbare, Fassbare und Zählbare als Wirklichkeit anerkannt wird, dann stirbt die Seele langsam. Dies ist die Intention des Briefes.

Der Knabe machte sich mit diesem Briefe auf den Weg, verirrte sich aber und kam abends in einen großen Wald. In der Dunkelheit sah er ein kleines Licht, ging darauf zu und gelangte zu einem Häuschen. Als er hineintrat, saß eine alte Frau beim Feuer ganz allein. Sie erschrak, als sie den Knaben erblickte, und sprach: »Wo kommst du her, und wo willst du hin?« »Ich komme von der Mühle«, ant-

wortete er, »und will zur Frau Königin, der ich einen Brief bringen soll; weil ich mich aber in dem Walde verirrt habe, so wollte ich hier gerne übernachten.« »Du armer Junge«, sprach die Frau, »du bist in ein Räuberhaus geraten, und wenn sie heimkommen, so bringen sie dich um.« »Mag kommen, wer will«, sagte der Junge, »ich fürchte mich nicht; ich bin aber so müde, dass ich nicht weiter kann«, streckte sich auf eine Bank und schlief ein. Bald hernach kamen die Räuber und fragten zornig, was da für ein fremder Knabe läge. »Ach«, sagte die Alte, »es ist ein unschuldiges Kind, es hat sich im Walde verirrt, und ich habe ihn aus Barmherzigkeit aufgenommen: er soll einen Brief an die Frau Königin bringen.« Die Räuber erbrachen den Brief und lasen ihn, und es stand darin, dass der Knabe sogleich, wie er ankäme, sollte ums Leben gebracht werden. Da empfanden die hartherzigen Räuber Mitleid, und der Anführer zerriss den Brief und schrieb einen andern, und es stand darin, sowie der Knabe ankäme, sollte er sogleich mit der Königstochter vermählt werden. Sie ließen ihn dann ruhig bis zum andern Morgen auf der Bank liegen, und als er aufgewacht war, gaben sie ihm den Brief und zeigten ihm den rechten Weg. Die Königin aber, als sie den Brief empfangen und gelesen hatte, tat, wie darin stand, hieß ein prächtiges Hochzeitsfest anstellen, und die Königstochter ward mit dem Glückskind vermählt; und da der Jüngling schön und freundlich war, so lebte sie vergnügt und zufrieden mit ihm.

Es ist Nacht und der Junge verliert im Wald die Orientierung. Auf die Seelenebene bezogen beschreibt hier das Märchen eine nicht zu unterschätzende Gefahr menschlicher Entwicklung. Bei der Vielzahl heutiger Zerstreuungsmöglichkeiten wird es für den Menschen zunehmend schwieriger, dem eigenen Weg treu zu bleiben und nicht die Orientierung zu verlieren. Um ihn von seinen ureigenen Lebensimpulsen abzulenken, geben die ahrimanischen Wesen tatsächlich ihr Bestes. In dieser Situation erblickt der Junge das »kleine Licht« des Räuberhauses. Lassen wir uns nicht von den Räubern schrecken, sondern fragen uns vielmehr, was hinter dem äußerlichen Rauben an innerer Qualität steckt. Dies ist zuoberst der *Mut*. Ein Räuber ohne Mut ist kein richtiger Räuber, denn er könnte aus Angst seinen Plan nicht verwirklichen. Zudem braucht er *Fantasie*, wenn seine Raubzüge gelingen sollen. Und drittens darf es einem Räuber nicht an *Willenskraft* und Durchsetzungsvermögen mangeln.

Tief in der Seele eines jeden Menschen liegt dieses Räuberhaus, das uns hilft, unbeschadet durch den Wald der Gefahren zu gelangen. Mit den geheimnisvollen Kräften des Mutes, der Phantasie und des Willens kann der Mensch dem ahrimanischen Willen nicht nur trotzen, sondern ihn sogar in sein Gegenteil verkehren. Aus diesem Grund werden die Zeilen des Briefes von den Räubern umgeschrieben. Der Junge mit der Glückshaut muss jetzt nicht nur nicht sterben, sondern darf stattdessen sogar die Prinzessin heiraten.

Dreimal tritt im Märchen der böse König als Symbol der ahrimanischen Wesen an den Jungen heran. Auf den Menschen bezogen helfen diese ihm zunächst, sich mit einem *Leib* zu verbinden (Fluss). Dann treten sie an die *Seele* heran (Brief im 14. Jahr) und im Folgenden berühren sie das Gebiet des *Geistes* (Hölle des Teufels).

> *Nach einiger Zeit kam der König wieder in sein Schloss und sah, dass die Weissagung erfüllt und das Glückskind mit seiner Tochter vermählt war. »Wie ist das zugegangen?« sprach er. »Ich habe in meinem Brief einen ganz andern Befehl erteilt.« Da reichte ihm die Königin den Brief und sagte, er möchte selbst sehen, was darin stände. Der König las den Brief und merkte wohl, dass er mit einem andern war vertauscht worden. Er fragte den Jüngling, wie es mit dem anvertrauten Briefe zugegangen wäre, warum er einen andern dafür gebracht hätte. »Ich weiß von nichts«, antwortete er, »er muss mir in der Nacht vertauscht sein, als ich im Walde geschlafen habe.« Voll Zorn sprach der König: »So leicht soll es dir nicht werden, wer meine Tochter haben will, der muss mir aus der Hölle drei goldene Haare von dem Haupte des Teufels holen; bringst du mir, was ich verlange, so sollst du meine Tochter behalten.« Damit hoffte der König, ihn auf immer loszuwerden. Das Glückskind aber antwortete: »Die golde-*

nen Haare will ich wohl holen, ich fürchte mich vor dem Teufel nicht.« Darauf nahm er Abschied und begann seine Wanderschaft.

Für den dritten Teil des Märchens wird ein mächtiges Bild entworfen. Die Forderung des bösen Königs impliziert schon die Unmöglichkeit ihrer Ausführung: Wie soll man denn in die Hölle hineinspazieren und dem Teufel in Person seine wertvollen Haare ausreißen, ohne dass dieser einen anschließend daran hindern würde, einfach wieder hinauszuspazieren? Wir werden erst hinter die Bedeutung dieses wunderbaren Bildes kommen, wenn wir den Teufel in der Hölle des Märchens selbst kennen gelernt haben.

Der Weg führte ihn zu einer großen Stadt, wo ihn der Wächter an dem Tore ausfragte, was für ein Gewerbe er verstände und was er wüsste. »Ich weiß alles«, antwortete das Glückskind. »So kannst du uns einen Gefallen tun«, sagte der Wächter, »wenn du uns sagst, warum unser Marktbrunnen, aus dem sonst Wein quoll, trocken geworden ist und nicht einmal mehr Wasser gibt.« »Das sollt ihr erfahren«, antwortete er, »wartet nur, bis ich wiederkomme.«

Wieder macht der Junge sich auf den Weg. Wenn jemand im Märchen anfängt zu wandern, so ist dies immer das Symbol für den Beginn eines inneren Prozesses. Drei Erkenntnisfragen werden dem Jungen im Verlauf seines Weges gestellt, und jedes Mal antwortet er mit einem umwerfenden Selbstvertrauen: *»Ich weiß alles.«* Um diesen Satz richtig verstehen zu können, muss man ihn folgendermaßen ergänzen: »Dort, wo ich hingehe, sind die Geheimnisse der Welt offenbar. Wenn ich wiederkomme, werde ich daher deine Frage beantworten können.« Ähnliches vollzieht sich auf einer gewissen Ebene, wenn wir »einer Frage *nachgehen*«. Sind wir ausdauernd genug, so offenbart sich die Lösung zu ihrer Zeit.

Da ging er weiter und kam vor eine andere Stadt, da fragte der Torwächter wiederum, was für ein Gewerbe er verstünde und was er wüsste. »Ich weiß alles«, antwortete er. »So kannst du uns einen Gefallen tun und uns sagen, warum ein Baum in unserer Stadt, der sonst goldene Äpfel trug, jetzt nicht einmal Blätter hervortreibt.« »Das sollt ihr erfahren«, antwortete er, »wartet nur, bis ich wiederkomme.« Da ging er weiter und kam an ein großes Wasser, über das er hinüber musste. Der Fährmann fragte ihn, was er für ein Gewerbe verstände und was er wüsste. »Ich weiß alles«, antwortete er. »So kannst du mir einen Gefallen tun«, sprach der Fährmann, »und mir sagen, warum ich immer hin und her fahren muss und niemals abgelöst werde.« »Das sollst du erfahren«, antwortete er, »warte nur, bis ich wiederkomme.«

Als er über das Wasser hinüber war, so fand er den Eingang zur Hölle. Es war schwarz und rußig darin, und der Teufel war nicht zu Haus, aber seine Ellermutter saß da in einem breiten Sorgenstuhl. »Was willst du?«, sprach sie zu ihm, sah aber gar nicht so böse aus. »Ich wollte gerne drei goldene Haare von des Teufels Kopf«, antwortete er, »sonst kann ich meine Frau nicht behalten.« »Das ist viel verlangt«, sagte sie, »wenn der Teufel heimkommt und findet dich, so geht dir's an den Kragen; aber du dauerst mich, ich will sehen, ob ich dir helfen kann.« Sie verwandelte ihn in eine Ameise und sprach: »Kriech in meine Rockfalten, da bist du sicher.« »Ja«, antwortete er, »das ist schon gut, aber drei Dinge möcht ich gerne noch wissen: warum ein Brunnen, aus dem sonst Wein quoll, trocken geworden ist, jetzt nicht einmal mehr Wasser gibt; warum ein Baum, der sonst goldene Äpfel trug, nicht einmal mehr Laub treibt; und warum ein Fährmann immer herüber und hinüber fahren muss und nicht abgelöst wird.« »Das sind schwere Fragen«, antwortete sie, »aber halte dich nur still und ruhig und hab Acht, was der Teufel spricht, wann ich ihm die drei goldenen Haare ausziehe.« Als der Abend einbrach, kam der Teufel nach Haus. Kaum war er eingetreten, so merkte er, dass die Luft nicht rein war. »Ich rieche, rieche Menschenfleisch«, sagte er, »es ist hier nicht richtig.« Dann guckte er in alle Ecken und suchte, konnte aber nichts finden. Die Ellermutter schalt ihn aus: »Eben ist erst gekehrt«, sprach sie, »und alles in Ordnung gebracht, nun wirfst du mir's wieder untereinander; immer hast du Menschenfleisch in der Nase! Setze dich nieder und iss dein Abendbrot.« Als er gegessen und getrunken hatte, war er müde, legte der Ellermutter seinen Kopf in den Schoß und sagte, sie sollte ihn ein wenig lausen. Es dauerte nicht lange, so schlummerte er ein, blies und schnarchte. Da fasste die Alte ein goldenes Haar, riss es aus und legte es neben sich. »Autsch!« schrie der Teufel, »was hast du vor?« »Ich habe einen schweren Traum gehabt«, antwortete die Ellermutter, »da hab ich dir in die Haare gefasst.« »Was hat dir denn geträumt?« fragte der Teufel. »Mir hat geträumt, ein Marktbrunnen, aus dem sonst Wein quoll, sei versiegt, und es habe nicht einmal Wasser daraus quellen wollen, was ist wohl schuld daran?« »He, wenn sie's wüssten!« antwortete der Teufel. »Es sitzt eine Kröte unter einem Stein im Brunnen, wenn sie die töten, so wird der Wein schon wieder fließen.«

Versuchen wir dem ersten Rätsel nachzuspüren. In vielen Märchen taucht das Motiv des Brunnens auf. An seiner Wasseroberfläche berühren sich die sinnliche und die übersinnliche Welt. Aus dem Brunnen unseres Märchens quoll kostbarer Wein hervor. Ähnlich wie der Wein auf den Menschen belebend wirkt, so verlebendigt die geistige Welt das sinnliche Leben. Nur aus den »Tiefen« der übersinnlichen Welt ist die Lebenskraft des Physischen zu schöpfen. Jetzt ist dieser Brunnen trocken. Während die Menschen ratlos sind, kennt der Teufel den Grund. Im Brunnen steckt eine Kröte. Was bedeutet dieses Bild für die Menschennatur? Kröten haben das wässrige Element verlassen und sich ganz mit der Erde verbunden. Wenn sich der Mensch ausschließlich als Erdenwesen empfindet und alle Quellen zum Übersinnlichen verschließt, dann kann die geistige Welt zu ihm nicht mehr sprechen. Der Brunnen muss versiegen. Was sagt der Teufel? Entferne die Einseitigkeit in der Hinwendung zur materiellen Welt (Kröte) und die Impulse der geistigen Welt werden wieder in dich einströmen können (Wein). Mit dieser Erkenntnis liegt das erste goldene Haar des Teufels in unserer Hand.

Die Ellermutter lauste ihn wieder, bis er einschlief und schnarchte, dass die Fenster zitterten. Da riss sie ihm das zweite Haar aus. »Hu! was machst du?« schrie der Teufel zornig. »Nimm's nicht übel«, antwortete sie, »ich habe es im Traum getan.« »Was hat dir wieder geträumt?« fragte er. »Mir hat geträumt, in einem Königreiche stand ein Obstbaum, der hätte sonst goldene Äpfel getragen und wollte jetzt nicht einmal Laub treiben. Was war wohl die Ursache davon?« »He, wenn sie's wüssten!« antwortete der Teufel. »An der Wurzel nagt eine Maus, wenn sie die töten, so wird er schon wieder goldene Äpfel tragen, nagt sie aber noch länger, so verdorrt der Baum gänzlich. Aber lass mich mit deinen Träumen in Ruhe, wenn du mich noch einmal im Schlafe störst, so kriegst du eine Ohrfeige.«

Durch dieses Rätsel wird der gleiche Sachverhalt wie von einer weiteren Seite angeschaut. Der Baum führt zwei Strömungen zusammen. In ihm begegnen sich das Lichthaft-Warme der *Sonne* und das Mineralisch-Wässrige der *Erde*. Erst wenn sich die Erdenkräfte mit den kosmischen Kräften durchdringen, kann der Baum goldene Äpfel tragen. Jetzt aber steht er vor dem Verdorren. Das Gleichgewicht von Irdischem und Kosmischem wird durch die Maus gestört. Ihrer ganzen Natur nach ist sie ein Nerven-Sinneswesen. Nur mit einer blitzschnellen Flucht ins Versteck kann sie ihr Leben retten. Übertragen wir dieses Bild auf die Bewusstseinsebene: Wenn die Sinneswelt zu stark an dem Seelisch-Geistigen des Menschen nagt, dann verkümmert es. Der Teufel rät: Töte die Maus. Verhindere, dass die Sinneswelt die Lebensimpulse vollständig dominiert. Damit halten wir das zweite goldene Haar in der Hand.

Die Ellermutter sprach ihm gut zu und lauste ihn wieder, bis er eingeschlafen war und schnarchte. Da fasste sie das dritte goldene Haar und riss es ihm aus. Der Teufel fuhr in die Höhe, schrie und wollte übel mit ihr wirtschaften, aber sie besänftigte ihn nochmals und sprach: »Wer kann für böse Träume!« »Was hat dir denn geträumt?« fragte er und war doch neugierig. »Mir hat von einem

Fährmann geträumt, der sich beklagte, dass er immer hin und her fahren müsste und nicht abgelöst würde. Was ist wohl schuld?« »He, der Dummbart!« antwortete der Teufel. »Wenn einer kommt und will überfahren, so muss er ihm die Stange in die Hand geben, dann muss der andere überfahren, und er ist frei.« Da die Ellermutter ihm die drei goldenen Haare ausgerissen hatte und die drei Fragen beantwortet waren, so ließ sie den alten Drachen in Ruhe, und er schlief, bis der Tag anbrach.

Während wir das dritte Rätsel erst am Ende des Märchens im Zusammenhang mit dem bösen König beleuchten können, müssen wir uns nun die Frage stellen, auf was eigentlich mit dem Teufel und der Ellermutter hingedeutet wird. Die Gestalt des Teufels ist unweigerlich mit dem Ort der Hölle verbunden, in der ebenso die Ellermutter wohnt. Sie hält die Hölle reinlich sauber, kocht dem Teufel das Essen und hilft ihm sogar beim Einschlafen. Hingegen weiß der Teufel über die verborgenen Dinge des Daseins Bescheid. Ihm ist bekannt, aus welchem Grund etwas dem natürlichen Gang der Entwicklung nicht folgt. Dies weiß die Ellermutter nicht. Sie ist aber in der Hölle genauso notwendig, wie der Teufel selbst. Erst wenn wir beide Gestalten gleichgewichtig zusammen denken, ergibt sich das Spannungsverhältnis, welches diesen Ort jenseits des Flusses charakterisiert (»die Qualität des männlichen und weiblichen Prinzips«).

Ellermutter	*Teufel*
• schützend	• gefährlich
• körperlich schwach	• körperlich stark
• nicht wissend	• wissend
• besonnen, ruhig	• aggressiv, auffahrend
• klug, listig	• neugierig
• furchtlos	• lärmend

Dieser Ort jenseits des Flusses ist nicht im eigentlichen Sinne eine Hölle. Er trägt vielmehr die Merkmale der geistigen Welt. Dort erhält man Aufschluss über die Dinge, die uns in der sinnlichen Welt verschleiert sind. Es ist ein Ort ungeheurer Dynamik und Regsamkeit. Aber auch die gefährliche Seite dieser Welt wird durch den Teufel angedeutet. Will man sie unvorbereitet und unreif betreten, so können auch aggressive Kräfte entfesselt werden.

Ebenso erklärlich werden jetzt die weiteren Forderungen des Königs. Mit dem goldenen Haar des Teufels haben wir die Weisheit der höheren Erkenntnis symbolisiert, welche vom Menschen zu suchen ist. Dabei deutet die Drei auf das Prozessuale dieser Suche hin (»die Qualität der Zahl Drei«). Der Weg zur geistigen Welt wird bereits von ahrimanischen Erfolgen gesäumt: Der Brunnen ist versiegt und der Baum fruchtet nicht mehr. Das Lebenselixier der sinnlichen Welt wird zunehmend abgeschirmt. *Die Menschheit wird den ahrimanischen Bestrebungen jetzt nur noch trotzen können, indem sie die Schwelle zur geistigen Welt zu überschreiten lernt.*

Als der Teufel wieder fortgezogen war, holte die Alte die Ameise aus der Rockfalte und gab dem Glückskind die menschliche Gestalt zurück. »Da hast du die drei goldenen Haare«, sprach sie, »was der Teufel zu deinen drei Fragen gesagt hat, wirst du wohl gehört haben.« »Ja«, antwortete er, »ich habe es gehört und will's wohl behalten.« »So ist dir geholfen«, sagte sie, »und nun kannst du deiner Wege ziehen.« Er bedankte sich bei der Alten für die Hilfe in der Not, verließ die Hölle und war vergnügt, dass ihm alles so wohl geglückt war. Als er zu dem Fährmann kam, sollte er ihm die versprochene Antwort geben. »Fahr mich erst hinüber«, sprach das Glückskind, »so will ich dir sagen, wie du erlöst wirst«, und als er auf dem jenseitigen Ufer angelangt war, gab er ihm des Teufels Rat: »Wenn wieder einer kommt und will übergefahren sein, so gib ihm nur die Stange in die Hand.« Er ging weiter und kam zu der Stadt, worin der unfruchtbare Baum stand und wo der Wächter auch Antwort haben wollte. Da sagte er ihm, wie er vom

Teufel gehört hatte: »Tötet die Maus, die an seiner Wurzel nagt, so wird er wieder goldene Äpfel tragen.« Da dankte ihm der Wächter und gab ihm zur Belohnung zwei mit Gold beladene Esel, die mussten ihm nachfolgen. Zuletzt kam er zu der Stadt, deren Brunnen versiegt war. Da sprach er zu dem Wächter, wie der Teufel gesprochen hatte: »Es sitzt eine Kröte im Brunnen unter einem Stein, die müsst ihr aufsuchen und töten, so wird er wieder reichlich Wein geben.« Der Wächter dankte und gab ihm ebenfalls zwei mit Gold beladene Esel. Endlich langte das Glückskind daheim bei seiner Frau an, die sich herzlich freute, als sie ihn wiedersah und hörte, wie wohl ihm alles gelungen war.

Für den Jungen mit der Glückshaut ist nun die Reise vorüber. Er ist mit sehr großen Schätzen heimgekehrt. Das Gold symbolisiert diejenige Seelenkraft, welche der Mensch gewinnen kann, wenn er das Gebiet jenseits des Flusses betreten darf. Schon auf dem Rückweg bringt sein neues Wissen daher Heilung und Gesundung.

Dem König brachte er, wie er verlangt hatte, die drei goldenen Haare des Teufels, und als dieser die vier Esel mit dem Golde sah, ward er ganz vergnügt und sprach: »Nun sind alle Bedingungen erfüllt, und du kannst meine Tochter behalten. Aber, lieber Schwiegersohn, sage mir doch, woher ist das viele Gold? Das sind ja gewaltige Schätze!« »Ich bin über einen Fluss gefahren«, antwortete er, »und da habe ich es mitgenommen, es liegt dort statt des Sandes am Ufer.« »Kann ich mir auch davon holen?« sprach der König und war ganz begierig. »Soviel Ihr nur wollt«, antwortete er, »es ist ein Fährmann auf dem Fluss, von dem lasst Euch überfahren, so könnt Ihr drüben Eure Säcke füllen.« Der habsüchtige König machte sich in aller Eile auf den Weg, und als er zu dem Fluss kam, so winkte er dem Fährmann, der sollte ihn übersetzen. Der Fährmann kam und hieß ihn einsteigen, und als sie an das jenseitige Ufer kamen, gab er ihm die Ruderstange in die Hand und sprang davon. Der König aber musste von nun an fahren zur Strafe für seine Sünden.

»Fährt er wohl noch?« »Was denn? Es wird ihm niemand die Stange abgenommen haben.«

Worin besteht die Aufgabe dieses Fährmanns? Er hilft beim Übersetzen über den Fluss, welcher die physische von der geistigen Welt trennt. Wir brauchen die irdische Welt, um uns durch Irrtümer und Verfehlungen zu freien Geistwesen emporringen zu können. Aber die materielle Welt darf den Menschen deswegen nicht beherrschen. Ihre Aufgabe besteht vielmehr darin, dem Menschen in seinen höheren Zielen zu dienen. Er muss den ahrimanischen Wesen einen Platz zuweisen, von welchem aus sie in diesem Sinn seine Entwicklung befördern können. So erst wird es verständlich, warum der Junge den bösen König an die Ruderstange des Bootes stellt, welches den Menschen über die Schwelle zur geistigen Welt führen soll.

Verdichtung

Was ist Glück? Im Sinne des Märchens hat derjenige Mensch eine Glückshaut, welcher sein Schicksal annimmt und an ihm arbeitet. So lautet die Frage also nicht, ob sich unserem Lebensweg möglichst keine Hindernisse entgegenstellen, damit wir glücklich sind, sondern ob wir mit diesen Hindernissen so umgehen können, dass sie uns als seelisch-geistiges Wesen voranbringen.

Das Märchen hat drei Teile. In jedem begegnet der Junge erneut dem bösen König. Dieser ist das Symbol der geistigen Kräfte, die den Menschen mit der Erdenwelt verbinden wollen. Unser Leib, unsere Seele und unser Geist sollen nach ihrem Willen mit dem materiellen Dasein auf das Engste verflochten werden.

Für schweres Gold überlassen die armen Eltern dem König ihren Jungen. Mit den Anfangsbildern beschreibt das Märchen, wie der Mensch seine übersinnliche Heimat verlässt. Er bezahlt das Eintauchen in die Materie mit dem Abdunkeln seines Bewusstseins von den geistigen Welten. Der Mensch inkarniert sich bei den Eltern, die für seine individuell seelisch-geistige Entwicklung die besten Voraussetzungen bieten. Diesen geistigen Vorgang symbolisiert das Märchen mit dem Fluss, auf den der König den Jungen setzt. Von ihm wird das Kind zu den Müllersleuten gebracht, die es mit warmen Herzen aufnehmen.

Mit 14 Jahren soll der Junge zum Überbringer seiner eigenen Todesbotschaft werden. Das Märchen betrachtet im zweiten Teil die Seelenebene. Die Seele des Menschen müsste ersterben und verdorren, wenn sie sich überwiegend von materialistischen Gedanken nähren sollte. Dies ist die Intention des Briefes, welcher der König dem Jungen übergibt. Der Junge aber verirrt sich und muss in einem Räuberhaus übernachten. Dieses symbolisiert die Kräfte des Mutes, der Phantasie und der Willensstärke. Mit ihnen kann jeder Mensch den seelenverödenden Impuls des Materialismus in sein Gegenteil verkehren.

Im letzten Teil berührt das Märchen die Ebene des Geistes. Der Junge wird von dem bösen König in die Hölle geschickt. Mit diesem Ort jenseits des Flusses wird im eigentlichen Sinn die geistige Welt symbolisiert. Durch die Weisheit der höheren Erkenntnis, die das Märchen mit den drei goldenen Haaren verbildlicht, kann der Mensch tiefer in die Verhältnisse der irdischen Welt schauen. Dieses Wissen bewirkt Heilung und Gesundung. Der Mensch darf sich von der materiellen Welt nicht beherrschen lassen. Deren Aufgabe besteht vielmehr darin, den höheren Zielen des Menschen zu dienen. Auf diesem Hintergrund ist es zu verstehen, wenn der Junge mit der Glückshaut am Ende des Märchens den bösen König an die Ruderstange des Bootes stellt, das die Grenze zwischen den Welten zu überwinden vermag.

Das Eselein

Es lebten einmal ein König und eine Königin, die waren reich und hatten alles, was sie sich wünschten, nur keine Kinder. Darüber klagte sie Tag und Nacht und sprach: »Ich bin ein Acker, auf dem nichts wächst.« Endlich erfüllte Gott ihre Wünsche: als das Kind aber zur Welt kam, sah's nicht aus wie ein Menschenkind, sondern war ein junges Eselein. Wie die Mutter das erblickte, fing ihr Jammer und Geschrei erst recht an, sie hätte lieber gar kein Kind gehabt als einen Esel und sagte, man sollt ihn ins Wasser werfen, damit ihn die Fische fräßen. Der König aber sprach: »Nein, hat Gott ihn gegeben, soll er auch mein Sohn und Erbe sein, nach meinem Tod auf dem königlichen Thron sitzen und die königliche Krone tragen.«

Gleich der Anfang des Märchens ist bemerkenswert: Ein Königssohn wird in Gestalt eines Esels geboren. Es ist jedoch keine Rede davon, dass das Königskind irgendwie missgebildet ist oder eine Behinderung hat. Seine Gestalt gleicht einfach nur der eines Esels.

Worauf weist diese Gestalt hin? Das enge Verhältnis des Menschen zu diesem Tier reicht schon sechs Jahrtausende zurück bis ins alte Ägypten. Eine der hervorstechenden Eigenschaften des Esels ist die Geduld. Stundenlang konnte er im Kreis herumtrotten, um ein Brunnenrad oder eine Mühle anzutreiben. Die »Eselsgeduld« ist sprichwörtlich geworden. Andererseits ist er auch bekannt für seine störrische Haltung: Was er nicht will, das tut er selbst dann nicht, wenn man ihn prügelt. Esel sind sehr zähe und genügsame Tiere. Früher wurden sie oft nur mit dem Geringsten gefüttert, was gerade vorhanden war: Neben Gras und Heu, waren dies Kleie und klein gehacktes Stroh; im Notfall frisst ein Esel sogar Dornen und Disteln. Die übliche Belastbarkeit der kleinen Müllereesel lag bei drei Zentnern.

Verdichten wir das Bild: geduldig, zäh, belastbar, störrisch, genügsam. Wenn wir überlegen, worauf diese Eigenschaften beim Menschen zutreffen, so werden wir zwangsläufig zu unserem *Körper* geführt. Wie ein Esel trägt er geduldig Tag um Tag unser ICH durchs Leben. Man überlege sich, welche Belastungen wir ihm zuweilen auferlegen: harte körperliche Arbeit, übertriebenen Sport, Bewegungsmangel, Fastfood, Alkohol, Nikotin, Kaffee, zu wenig oder unrhythmischer Schlaf. Geduldig erträgt unser Körper die Mühsal, die wir ihm zumuten. Hört man Geschichten von Kriegsgefangenen, so kann man es oft gar nicht glauben, unter welchen Bedingungen Menschen überleben können. Eine unfassbare Zähigkeit und Genügsamkeit zeichnet unseren Körper aus. Aber genauso störrisch kann er reagieren, wenn man seine Gewohnheiten ändern möchte. Dann wird er zu einem hartnäckigen Gegner. Diese Erfahrung kennen zum Beispiel Raucher und Menschen, welche ein paar Pfund verlieren möchten.

Das Märchen erzählt zu Beginn von einem König und einer Königin, die reich waren und alles hatten, was sie sich wünschten. So erlebt sich eine Seele, die sich noch ganz in der geistigen Welt befindet. Aber eines muss sie dort dennoch entbehren: Die Erfahrung der sinnlichen Welt. Die Sehnsucht danach lebt in der Menschenseele genauso stark, wie der Wunsch nach einem Kind in der Königin. Wird in dem Märchen nun das Eselein geboren, so ist damit der Moment in ein Bild gekleidet, wo das menschliche ICH sich mit einem physischen Leib umgibt, um sich auf der Erde zu inkarnieren.

König und Königin reagieren ganz verschieden (»die Qualität des männlichen und weiblichen Prinzips«). Die Mutter erschrickt im ersten Moment über die Eselsgestalt ihres Sohnes. In den ersten Jahren unseres Lebens vollzieht sich ein Prozess, der mit dieser Reaktion vergleichbar ist. Der physische Körper, den wir von unseren Eltern vererbt erhalten, passt nicht vollständig zu unserer seelisch-geistigen Konstitution, die wir aus der übersinnlichen Welt mitbringen. Der König reagiert anders. Er weiß um dieses Verhältnis und ergreift zielbewusst die Aufgabe, die darin besteht, den Leib zu einem geeigneten Instrument der Seele zu machen. Zum Beispiel helfen die Kinderkrankheiten dem Kind in besonderem Maß, seinen Körper in diesem Sinn zu durchdringen.

Also ward das Eselein aufgezogen, nahm zu, und die Ohren wuchsen ihm auch fein hoch und gerad hinauf. Es war aber sonst fröhlicher Art, sprang herum, spielte und hatte besonders seine Lust an der Musik, so dass es zu einem berühmten Spielmann ging und sprach: »Lehre mich deine Kunst, dass ich so gut die Laute schlagen kann als du.« »Ach, liebes Herrlein«, antwortete der Spielmann, »das sollt Euch schwer fallen, Eure Finger sind nicht allerdings dazu gemacht und gar zu groß; ich sorge, die Saiten halten's nicht aus.« Es half keine Ausrede, das Eselein wollte und musste die Laute schlagen, war beharrlich und fleißig und lernte es am Ende so gut als sein Meister selber.

Womit wird das Umarbeiten des vererbten Körpers verbildlicht? Das Märchen wählt die Musik. Dabei ist weniger die Musik an sich gemeint, als vielmehr das *musikalische Element*. Dessen Gestalt gebende Kraft veranschaulichen die Chladnischen Klangmuster auf besondere Weise. Streut man feine Sandkörner auf eine dünne Metallplatte und setzt diese mit einem Geigenbogen in Schwingung, so springen die Körner auf und nieder und bilden schließlich eine vollkommen symmetrische Form. Genauso organisiert sich in feinster Weise unser Leib nach dem, was wir auf den Saiten unserer Seele schwingen lassen. Zielsicher sucht das Eselein daher die Laute als Instrument aus. Es übt beharrlich und fleißig bis zur Meisterschaft. In gleicher Weise wird der Leib zum geeigneten Instrument unseres Seelisch-Geistigen. Bei den meisten Menschen verläuft diese Entwicklung unauffällig. Neben den erwähnten Kinderkrankheiten gibt es auch zahlreiche Biografien, bei denen in den ersten Jahren eine gesundheitliche Disposition vorliegt, die ohne ersichtlichen Grund nach einer gewissen Zeit einfach verschwindet. Dieses Phänomen deutet in die gleiche Richtung.

Einmal ging das junge Herrlein nachdenklich spazieren und kam an einen Brunnen, da schaute es hinein und sah im spiegelhellen Wasser seine Eselsgestalt. Darüber war es so betrübt, dass es in die weite Welt ging und nur einen treuen Gesellen mitnahm.

Der Schmerz wird zum Impulsator einer neuen Entwicklung. Wenn das Eselein einen Blick auf die Wasseroberfläche des Brunnens wirft, so klingt das Motiv von »Frau Holle« an. Dort war der Brunnen das Tor zu einer anderen, übersinnlichen Welt. Das Eselein springt jedoch nicht in den Brunnen. Es schaut nur hinein und begegnet seinem eigenen Bild. Aber worüber betrübt es sich? Wir haben es nicht mit einem normalen Spiegel zu tun, der die Schönheit oder Hässlichkeit der äußeren Erscheinung wiedergibt. Das Bild entsteht dort, wo sich an der Wasseroberfläche die sinnliche und die übersinnliche Welt berühren. Mit diesem Spiegel kann man tief in die Seele blicken. Genau genommen sieht man zwei Bilder: Das erste zeigt, wie viel wir bis jetzt an unserem ICH gearbeitet haben. Es scheint aber ein zweites hindurch, das uns erkennen lässt, zu welch großartiger Höhe der Entwicklung unser ICH berufen ist. Diese Diskrepanz der Bilder löst die Betrübnis aus: Es wäre so viel zu erreichen und nur ein bescheidener Teil davon wurde von uns bislang ergriffen. Deshalb ist das Eselein traurig und zieht in die weite Welt hinaus. Dies ist der Weg der inneren Entwicklung.

Sie zogen auf und ab, zuletzt kamen sie in ein Reich, wo ein alter König herrschte, der nur eine einzige, aber wunderschöne Tochter hatte. Das Eselein sagte: »Hier wollen wir weilen«, klopfte ans Tor und rief: »Es ist ein Gast haußen, macht auf, damit er eingehen kann.« Als aber nicht aufgetan ward, setzte er sich hin, nahm seine Laute und schlug sie mit seinen zwei Vorderfüßen aufs lieblichste. Da sperrte der Türhüter gewaltig die Augen auf, lief zum König und sprach: »Da draußen sitzt ein junges Eselein vor dem Tor, das schlägt die Laute so gut als ein gelernter Meister.« »So lass mir den Musikant hereinkommen«, sprach der König. Wie aber ein Eselein

hereintrat, fing alles an, über den Lautenschläger zu lachen. Nun sollte das Eselein unten zu den Knechten gesetzt und gespeist werden, es ward aber unwillig und sprach: »Ich bin kein gemeines Stalleselein ich bin ein vornehmes.« Da sagten sie: »Wenn du das bist, so setze dich zu dem Kriegsvolk.« »Nein«, sprach es, »ich will beim König sitzen.«
Der König lachte und sprach in gutem Mut: »Ja, es soll so sein, wie du verlangst, Eselein komm her zu mir.« Danach fragte er: »Eselein, wie gefällt dir meine Tochter?« Das Eselein drehte den Kopf nach ihr, schaute sie an, nickte und sprach: »Aus der Maßen wohl, sie ist so schön, wie ich noch keine gesehen habe.« »Nun, so sollst du auch neben ihr sitzen«, sagte der König. »Das ist mir eben recht«, sprach das Eselein und setzte sich an ihre Seite, aß und trank und wusste sich fein und säuberlich zu betragen.

Ohne Umwege gelangt das Eselein an den richtigen Platz. Zielstrebig und forsch tritt es auf, denn es kennt seine wahre königliche Natur. So darf es sich schließlich an die Königstafel neben die Prinzessin setzen. Das Eselein ist seinem Ziel nun ganz nahe, aber erst durch die Heirat mit der Prinzessin wird dieses erreicht sein.

Als das edle Tierlein eine gute Zeit an des Königs Hof geblieben war, dachte es: »Was hilft das alles, du musst wieder Heim«, ließ den Kopf traurig hängen, trat vor den König und verlangte seinen Abschied. Der König hatte es aber lieb gewonnen und sprach: »Eselein, was ist dir? Du schaust ja sauer, wie ein Essigkrug; bleib bei mir, ich will dir geben, was du verlangst. Willst du Gold?« »Nein«, sagte das Eselein und schüttelte mit dem Kopf. »Willst du Kostbarkeiten und Schmuck?« »Nein.« »Willst du mein halbes Reich?« »Ach nein.«

Hier macht das Märchen auf zwei Gefahren aufmerksam, die dem ICH auf dem Wege seiner Entwicklung begegnen. Die erste besteht darin, dass man einfach die Geduld verliert und somit den eingeschlagenen Weg verlässt oder, schlimmer gar, ihn wieder zurückgeht. Das Eselein möchte heim. Wenn der Mensch sich für seine innere Entwicklung ein Ziel steckt, so ist diese Gefahr fortlaufend präsent. Hindernisse, Stockungen und scheinbarer Stillstand lassen den Weg des Übens als zu lang erscheinen. Man gibt auf. Dann kommt die zweite Versuchung: Der König bietet Gold, Schätze und das halbe Königreich. Dies beschreibt die Gefahr, in welche man gerät, wenn man seinen inneren Lebensimpuls durch Annehmlichkeiten, Reichtum oder Machtfülle erstickt. Das Eselein lehnt die Angebote des Königs ab.

Da sprach der König: »Wenn ich nur wüsste, was dich vergnügt machen könnte: willst du meine schöne Tochter zur Frau?« »Ach ja«, sagte das Eselein, »die möchte ich wohl haben«, war auf einmal ganz lustig und guter Dinge, denn das war's, was es sich gewünscht hatte. Also ward eine große und prächtige Hochzeit gehalten.

Das Eselein ist jetzt an seinem Ziel angelangt. Erinnern wir uns der beiden Bilder, auf Grund derer es seine Wanderung begonnen hat. Mit der Heirat sind diese jetzt deckungsgleich geworden. Aber das Märchen endet hier nicht. Es stellt sich nun die Frage, auf welche Weise sich das neu Errungene offenbart.

Abends, wie Braut und Bräutigam in ihr Schlafkämmerlein geführt wurden, wollte der König wissen, ob sich das Eselein auch fein artig und manierlich betrüge, und hieß einem Diener, sich dort verstecken. Wie nun beide drinnen waren, schob der Bräutigam den Riegel vor die Türe, blickte sich um, und wie er glaubte, dass sie ganz allein wären, da warf er auf einmal seine Eselshaut ab und stand da als ein schöner königlicher Jüngling. »Nun siehst du«, sprach er, »wer ich bin, und siehst auch, dass ich deiner nicht unwert war.« Da ward die Braut froh, küsste ihn und hatte ihn von Herzen lieb. Als aber der Morgen herankam, sprang er auf, zog seine Tierhaut wieder über, und hätte kein Mensch gedacht, was für einer dahinter steckte. Bald kam auch der alte König gegangen.

»Ei«, rief er, »ist das Eselein schon munter! Du bist wohl recht traurig«, sagte er zu seiner Tochter, »dass du keinen ordentlichen Menschen zum Mann bekommen hast?« »Ach nein, lieber Vater, ich habe ihn so lieb, als wenn er der allerschönste wäre, und will ihn mein Lebtag behalten.« Der König wunderte sich, aber der Diener, der sich versteckt hatte, kam und offenbarte ihm alles. Der König sprach: »Das ist nimmermehr wahr.« »So wacht selber die folgende Nacht, Ihr werdet's mit eigenen Augen sehen, und wisst Ihr was, Herr König, nehmt ihm die Haut weg und werft sie ins Feuer, so muss er sich wohl in seiner rechten Gestalt zeigen.« »Dein Rat ist gut«, sprach der König, und abends, als sie schliefen, schlich er sich hinein, und wie er zum Bett kam, sah er im Mondschein einen stolzen Jüngling da ruhen, und die Haut lag abgestreift auf der Erde. Da nahm er sie weg und ließ draußen ein gewaltiges Feuer anmachen und die Haut hineinwerfen und blieb selber dabei, bis sie ganz zu Asche verbrannt war. Weil er aber sehen wollte, wie sich der Beraubte anstellen würde, blieb er die Nacht über wach und lauschte. Als der Jüngling ausgeschlafen hatte, beim ersten Morgenschein, stand er auf und wollte die Eselshaut anziehen, aber sie war nicht zu finden. Da erschrak er und sprach voll Trauer und Angst: »Nun muss ich sehen, dass ich entfliehe.« Wie er hinaustrat, stand aber der König da und sprach: »Mein Sohn, wohin so eilig, was hast du im Sinn? Bleib hier, du bist ein so schöner Mann, du sollst nicht wieder von mir. Ich gebe dir jetzt mein Reich halb, und nach meinem Tod bekommst du es ganz.« »So wünsch ich, dass der gute Anfang auch ein gutes Ende nehme«, sprach der Jüngling, »ich bleibe bei Euch.«

Die »wahre Gestalt« des Prinzen zeigt sich zuerst in der Nacht. Während des Schlafens verlässt unser ICH seine Leibeshülle und steigt hinauf in die übersinnlichen Welten. Dort offenbart es sich in seiner wahren Gestalt. Wie eine Schlange sich häutet, wenn ihre alte Haut zu klein geworden ist, so muss auch das gewachsene ICH das Alte abwerfen. Bleibt der Mensch sein Leben lang ein innerlich Strebender, so bringt er eine ungeheure Summe seelischer Energien auf, um seine innersten Geistesimpulse bis auf die Erde zu bringen. Dies ist das Feuer, in dem der König die Eselshaut verbrennt. Besonders bei älteren Menschen kann man manchmal beobachten, dass die Haut ganz dünn und transparent erscheint. Hier tritt die Dominanz des Leiblichen zu Gunsten des Geistig-Seelischen zurück. Ausnahmsweise kommt in diesem Märchen das ICH-Wachstum sogar quantitativ zum Ausdruck. Der neue König erbt nicht nur *ein* Reich, sondern auch noch ein zweites.

> *Da gab ihm der Alte das halbe Reich, und als er nach einem Jahr starb, hatte er das ganze, und nach dem Tod seines Vaters noch eins dazu, und lebte in aller Herrlichkeit.*

Verdichtung

Wenn der Mensch sich auf der Erde inkarniert, so bezieht er aus dem Vererbungsstrom der Eltern seinen physischen Leib. Das Leibliche passt aber nie vollkommen mit dem Geistigen zusammen, und somit hat das Geistige in den ersten Lebensjahren die Aufgabe, den Körper ganz zu seinem Instrument zu machen. Hier klingt im Märchen das musikalische Element an. Das Eselein beginnt eine Reise (Weg der inneren Entwicklung). Im Bild der Prinzessin erscheint ihm sein Ziel. Schnell kommt es diesem sehr nah, erreicht es jedoch nicht ganz. Das Märchen beschreibt zwei Gefahren, denen der Mensch auf diesem Weg begegnen kann. Beide können bewirken, dass er sich von seinen inneren Impulsen abkehrt und den Weg verlässt. Kommt er seinem Ziel immer näher, so zeigt sich dies im Lauf des Lebens bis in seine Physiognomie hinein. Das Körperliche tritt gegenüber dem Geistig-Seelischen immer weiter zurück. Die Haut des Eseleins wird schließlich verbrannt. Zuletzt herrschen König und Königin über zwei Königreiche.

Hänsel und Gretel

Dieses Märchen hat überaus gefühlsstarke Bilder: So setzt eine Stiefmutter mit dem Einverständnis des leiblichen Vaters zwei Kinder im Wald aus, eine Hexe will die Armen mästen und schlachten und schließlich verbrennt sie selbst unter qualvollem Heulen. Da kann es einen schon schaudern. Wir haben es hier jedoch mit Seelenbildern zu tun, die tief mit unserem Menschenwesen verbunden sind.

Vor einem großen Wald wohnte ein armer Holzhacker mit seiner Frau und seinen zwei Kindern; das Bübchen hieß Hänsel und das Mädchen Gretel. Er hatte wenig zu beißen und zu brechen, und einmal, als große Teuerung ins Land kam, konnte er auch das tägliche Brot nicht mehr schaffen. Wie er sich nun abends im Bette Gedanken machte und sich vor Sorgen herumwälzte, seufzte er und sprach zu seiner Frau: »Was soll aus uns werden? Wie können wir unsere armen Kinder ernähren, da wir für uns selbst nichts mehr haben?«

Am Anfang des Märchens herrscht bittere Armut. Werfen wir einen Blick ans Ende, so hören wir dort:

Gretel schüttete sein Schürzchen aus, dass die Perlen und Edelsteine in der Stube herumsprangen, und Hänsel warf eine Handvoll nach der andern aus seiner Tasche dazu.

Im Reichtum endet das Märchen. Beziehen wir Armut und Reichtum auf unsere Innenwelt, so liegen die *Reichtümer* der Seele in ihren Fähigkeiten. Ähnlich wie sich äußerer Besitz vielleicht in schönen Kleidern, großen Häusern und kostbaren Einrichtungen ausdrückt, so kleidet sich das menschliche ICH in Fähigkeiten, durch die es sich Ausdruck verschaffen kann. Bei der *Armut* ist es genau umgekehrt.

Da fehlt der Seele diese Stärke. Von dem Punkt nimmt das Märchen seinen Ausgang.

»Weißt du was, Mann«, antwortete die Frau, »wir wollen morgen in aller Frühe die Kinder hinaus in den Wald führen, wo er am dicksten ist: da machen wir ihnen ein Feuer an und geben jedem noch ein Stückchen Brot, dann gehen wir an unsere Arbeit und lassen sie allein. Sie finden den Weg nicht wieder nach Haus, und wir sind sie los.« »Nein, Frau«, sagte der Mann, »das tue ich nicht; wie sollt' ich's übers Herz bringen, meine Kinder im Walde allein zu lassen, die wilden Tiere würden bald kommen und sie zerreißen.« »O du Narr«, sagte sie, »dann müssen wir alle viere Hungers sterben, du kannst nur die Bretter für die Särge hobeln«, und ließ ihm keine Ruhe, bis er einwilligte. »Aber die armen Kinder dauern mich doch«, sagte der Mann.

Wer bewirkt den Reichtum am Ende des Märchens? Diese Frage ist in besonderem Maß eine Prüfung zur Vorurteilslosigkeit. Sie führt uns nämlich ganz unerwartet zur Stiefmutter. Machen wir uns dies in aller Deutlichkeit klar: Ohne die Stiefmutter wäre nie der Gedanke entstanden, die Kinder tief in den Wald zu führen und somit wären die Kinder nie einer Hexe und *ihren Schätzen* begegnet.

Wofür stehen Stiefmutter und Vater und andererseits Hänsel und Gretel? Ihre Bedeutung ergibt sich aus dem Verhältnis, welches sie zueinander einnehmen. Die Eltern haben die Kinder geboren, doch nun schicken sie sie schutzlos in die Gefahren des dunklen Waldes. Am Ende kehren die Kinder mit großem Reichtum heim. *Im selben Verhältnis steht das Höhere ICH des Menschen zu seinem Erden-ICH.* Das eine geht aus dem anderen hervor. Das Erden-ICH trennt sich vom Höheren ICH und beginnt seinen Erdenweg. Am Ende bringen wir die Seelenreichtümer unserer Entwicklung »nach Hause« und vereinigen uns wiederum mit unserem kosmischen Wesen. Mit den Kindern setzt das Märchen also die Seins-Empfindung in ein Bild, welche wir mit unserem individuellen Erden-

Bewusstsein ausbilden. Dies ist jedoch immer nur ein Teil dessen, was wir als Wesen des geistigen Kosmos in Wahrheit sind.

Das Märchen charakterisiert unser Höheres Selbst auf zweierlei Art (»die Qualität des männlichen und weiblichen Prinzips«). Der Vater benennt das Problem, ist aber ratlos. Die Stiefmutter weiß um die Lösung, die ist aber nicht angenehm. Unser Erden-ICH kann sich nur entfalten, wenn es notwendige und immer wieder auch unliebsame Entwicklungsschritte macht. Zu diesen werden wir häufig durch schicksalhafte Ereignisse gezwungen. Dasselbe Prinzip steckt hinter den Beweggründen der Stiefmutter, wenn sie die Kinder aus dem Haus wirft. Die Tatsache der fehlenden Blutsverwandtschaft unterstützt sie darin (»die Qualität des Blutes«). Der Vater hingegen empfindet den ganzen Schmerz dieser Entscheidung. Wenn es uns gelingt, die Stiefmutter und den Vater in ihren verschiedenartigen Handlungsimpulsen zusammenzudenken, so offenbart sich darin die ungemein weisheitsvolle Perspektive, aus welcher heraus unser Höheres ICH auf unser Erdenleben einwirkt. *In der Spannung zwischen konsequenter Unabdingbarkeit* (Stiefmutter) *und umfassendem Mitleid* (Vater) *charakterisiert das Märchen die Handlungsimpulse unseres eigenen Höheren Selbst.*

Das Leben führt den Menschen immer wieder in Krisensituationen, in denen er sich orientierungslos und verlassen fühlt. Der tiefe, dunkle Wald ist das Bild, welches dem Gefühl entspricht, das entsteht, wenn alles zusammenbricht, was bislang Halt und Sinn gab. Solche Schicksalsschläge werden durch das Märchen in einen größeren Zusammenhang gestellt. Dabei fragt sich das Höhere ICH nicht, welcher Lebensweg für unser Erden-ICH der möglichst angenehme, sondern welcher der notwendig richtige ist.

»Denn das ist eine goldene Regel des Lebens, dass wir alle als Menschen stets einen Gescheiteren in uns tragen, als wir selber sind, einen viel Weiseren. Denn weniger weise ist der, zu dem wir im gewöhnlichen Leben »ich« sagen. Dieser »Weniger-Weise« würde, wenn es ihm überlassen wäre, entweder einen Schmerz aufzusuchen oder einen Lust, den Weg zur Lust gehen. Der »Gescheitere« ist derjenige, der in den Tiefen unseres Unterbewusstseins ruht, zu dem sich unser gewöhnliches Bewusstsein nicht hinab erstreckt. Er verhüllt uns den Blick zu einer leichten Lust und entzündet in uns eine magische Kraft, die einen Weg geht zu den Schmerzen hin, ohne dass wir es wissen. Aber was heißt denn: ohne dass wir es wissen? Das heißt, dass der Gescheitere die größere Macht bekommt über den weniger Gescheiten, und der Gescheitere handelt stets so in uns, dass er unsere Unvollkommenheiten zu unseren Schmerzen hinleitet und uns leiden lässt, weil wir mit jedem inneren und äußeren Leide eine Unvollkommenheit ausmerzen und uns vollkommener machen.« *(Rudolf Steiner, GA 130)*

Die zwei Kinder hatten vor Hunger auch nicht einschlafen können und hatten gehört, was die Stiefmutter zum Vater gesagt hatte. Gretel weinte bittere Tränen und sprach zu Hänsel: »Nun ist es um uns geschehen.« »Still, Gretel«, sprach Hänsel, »gräme dich nicht, ich will uns schon helfen.« Und als die Alten eingeschlafen waren, stand er auf, zog sein Röcklein an, machte die Untertüre auf und schlich sich hinaus. Da schien der Mond ganz helle, und die weißen Kieselsteine, die vor dem Haus lagen, glänzten wie lauter Batzen. Hänsel bückte sich und steckte so viel in sein Rocktäschlein, als nur hinein wollten. Dann ging er wieder zurück, sprach zu Gretel: »Sei getrost, liebes Schwesterchen, und schlaf nur ruhig ein, Gott wird uns nicht verlassen«, und legte sich wieder in sein Bett.

Als der Tag anbrach, noch ehe die Sonne aufgegangen war, kam schon die Frau und weckte die beiden Kinder: »Steht auf, ihr Faulenzer, wir wollen in den Wald gehen und Holz holen.« Dann gab sie jedem ein Stückchen Brot und sprach: Da habt ihr etwas für den Mittag, aber esst's nicht vorher auf, weiter kriegt ihr nichts.« Gretel nahm das Brot unter die Schürze, weil Hänsel die Steine in der Tasche hatte. Danach machten sie sich alle zusammen auf den Weg nach dem Wald. Als sie ein Weilchen gegangen waren, stand Hänsel still und guckte nach dem Haus zurück und tat das wieder und immer wieder. Der Vater sprach: »Hänsel, was guckst du da und bleibst zurück, hab Acht und vergiss deine Beine nicht.« »Ach, Vater«, sagte Hänsel, »ich sehe nach meinem weißen Kätzchen, das sitzt oben auf dem Dach und will mir ade sagen.« Die Frau sprach: »Narr, das ist dein Kätzchen nicht, das ist die Morgensonne, die auf den Schornstein scheint.« Hänsel aber hatte nicht nach dem Kätzchen gesehen, sondern immer einen von den blanken Kieselsteinen aus seiner Tasche auf den Weg geworfen.

Als sie mitten in den Wald gekommen waren, sprach der Vater: »Nun sammelt Holz, ihr Kinder, ich will ein Feuer anmachen, damit ihr nicht friert.« Hänsel und Gretel trugen Reisig zusammen, einen kleinen Berg hoch. Das Reisig ward angezündet, und als die Flamme recht hoch brannte, sagte die Frau: »Nun legt euch ans Feuer, ihr Kinder, und ruht euch aus, wir gehen in den Wald und hauen Holz. Wenn wir fertig sind, kommen wir wieder und holen euch ab.«

Hänsel und Gretel saßen am Feuer, und als der Mittag kam, aß jedes sein Stücklein Brot. Und weil sie die Schläge der Holzaxt hörten, so glaubten sie, ihr Vater wäre in der Nähe. Es war aber nicht die Holzaxt, es war ein Ast, den er an einen dürren Baum gebunden hatte und den der Wind hin und her schlug. Und als sie so lange gesessen hatten, fielen ihnen die Augen vor Müdigkeit zu, und sie schliefen fest ein. Als sie endlich erwachten, war es schon finstere Nacht. Gretel fing an zu weinen und sprach: »Wie sollen wir nun aus dem Wald kommen!« Hänsel aber tröstete sie: »Wart nur ein Weilchen, bis der Mond aufgegangen ist, dann wollen wir den Weg schon finden.« Und als der volle Mond aufgestiegen war, so nahm Hänsel sein Schwesterchen an der Hand und ging den Kieselsteinen nach, die schimmerten wie neu geschlagene Batzen und zeigten ihnen den Weg. Sie gingen die ganze Nacht hindurch und kamen bei anbrechendem Tag wieder zu ihres Vaters Haus. Sie klopften an die Tür, und als die Frau aufmachte und sah, dass es Hänsel und Gretel war, sprach sie: »Ihr bösen Kinder, was habt ihr so lange im Walde geschlafen, wir haben geglaubt, ihr wolltet gar nicht wiederkommen.« Der Vater aber freute sich, denn es war ihm zu Herzen gegangen, dass er sie so allein zurückgelassen hatte.

Die Kinder entkommen dem Wald. Was im Märchen auf den ersten Blick als Glück erscheint, ist für das tiefere Verständnis allerdings eine *Krücke*. Unser Erden-ICH (Hänsel und Gretel) findet zurück in den Hafen der vorübergehenden Sicherheit. Aber es ist ein Zurück in die alte und unveränderte Situation. Die Not wird daraufhin noch größer. Hier taucht das Motiv der Wiederholung auf, das in vielen Biographien zu beobachten ist.

Eine scheinbare Nebensächlichkeit unterstreicht dies. Mit der aufgehenden Sonne werden die Kinder in den Wald geführt und nur durch den Mondenschein finden sie wieder zurück. Die Qualität des Mondes deutet auf die Sphäre der Vergangenheit, während die der Sonne nach vorne in die Zukunft weist. Somit finden wir auch hier die Bestätigung dafür, dass die Rückkehr in das Elternhaus die Situation der Not nicht bessert. Dies ist ein Schritt zurück. Der Schritt nach vorn führt wirklich in den Wald hinein.

Nicht lange danach war wieder Not in allen Ecken, und die Kinder hörten, wie die Mutter nachts im Bette zu dem Vater sprach: »Alles ist wieder aufgezehrt, wir haben noch einen halben Laib Brot, hernach hat das Lied ein Ende. Die Kinder müssen fort, wir wollen sie tiefer in den Wald hineinführen, damit sie den Weg nicht wieder herausfinden; es ist sonst keine Rettung für uns.« Dem Mann fiel's schwer aufs Herz, und er dachte: »Es wäre besser, dass du den letzten Bissen mit deinen Kindern teiltest.« Aber die Frau hörte auf nichts, was er sagte, schalt ihn und machte ihm Vorwürfe. Wer A sagt, muss auch B sagen, und weil er das erste Mal nachgegeben hatte, so musste er es auch zum zweiten Mal.

Die Kinder waren aber noch wach gewesen und hatten das Gespräch mit angehört. Als die Alten schliefen, stand Hänsel wieder auf, wollte hinaus und Kieselsteine auflesen, wie das vorige Mal, aber die Frau hatte die Tür verschlossen, und Hänsel konnte nicht heraus. Aber er tröstete sein Schwesterchen und sprach: »Weine nicht, Gretel, und schlaf nur ruhig, der liebe Gott wird uns schon helfen.«

Es ist erstaunlich zu beobachten, wie dieses Mal unser Höheres ICH im wahrsten Sinn des Wortes alle »Hintertürchen« verschlossen hat. Ein Ausweichen ist jetzt nicht mehr möglich. Der Schritt der Entwicklung wird unvermeidbar.

Am frühen Morgen kam die Frau und holte die Kinder aus dem Bette. Sie erhielten ihr Stückchen Brot, das war aber noch kleiner als das vorige Mal. Auf dem Wege nach dem Wald bröckelte es Hänsel in der Tasche, stand oft still und warf ein Bröcklein auf die Erde. »Hänsel, was stehst du und guckst dich um«, sagte der Vater, »geh deiner Wege.« »Ich sehe nach meinem Täubchen, das sitzt auf dem Dache und will mir ade sagen«, antwortete Hänsel. »Narr«, sagte die Frau, »das ist dein Täubchen nicht, das ist die Morgensonne, die auf den Schornstein oben scheint.« Hänsel aber warf nach und nach alle Bröcklein auf den Weg.
Die Frau führte die Kinder noch tiefer in den Wald, wo sie ihr Lebtag noch nicht gewesen waren. Da ward wieder ein großes Feuer angemacht, und die Mutter sagte: »Bleibt nur da sitzen, ihr Kinder, und wenn ihr müde seid, könnt ihr ein wenig schlafen: wir gehen in den Wald und hauen Holz, und abends, wenn wir fertig sind, kommen wir und holen euch ab.« Als es Mittag war, teilte Gretel ihr Brot mit Hänsel, der sein Stück auf den Weg gestreut hatte. Dann schliefen sie ein, und der Abend verging, aber niemand kam zu den armen Kindern. Sie erwachten erst in der finstern Nacht, und Hänsel tröstete sein Schwesterchen und sagte: »Wart nur Gretel, bis der Mond aufgeht, dann werden wir die Brotbröcklein sehen, die ich ausgestreut habe, die zeigen uns den Weg nach Haus.« Als der Mond kam, machten sie sich auf, aber sie fanden kein Bröcklein mehr, denn die vieltausend Vögel, die im Walde und im Felde umherfliegen, die hatten sie weggepickt. Hän-

sel sagte zu Gretel: »Wir werden den Weg schon finden«, aber sie fanden ihn nicht. Sie gingen die ganze Nacht und noch einen Tag von Morgen bis Abend, aber sie kamen aus dem Wald nicht heraus, und waren so hungrig, denn sie hatten nichts als die paar Beeren, die auf der Erde standen. Und weil sie so müde waren, dass die Beine sie nicht mehr tragen wollten, so legten sie sich unter einen Baum und schliefen ein.

Die Kinder sind in dem Wald gefangen und kommen nicht heraus. Das Charakteristische an einer Krise ist eben, dass man den Weg aus ihr nicht unmittelbar finden kann. Es beginnt eine Zeit des Umherirrens, und dadurch geraten die Kinder noch tiefer in den Wald. Und doch hat die scheinbar ziellose Suche ein Ziel: Sie begegnen einem schneeweißen Vögelein.

Nun war's schon der dritte Morgen, dass sie ihres Vaters Haus verlassen hatten. Sie fingen wieder an zu gehen, aber sie gerieten immer tiefer in den Wald, und wenn nicht bald Hilfe kam, so mussten sie verschmachten. Als es Mittag war, sahen sie ein schönes schneeweißes Vögelein auf einem Ast sitzen, das sang so schön, dass sie stehen blieben und ihm zuhörten. Und als es fertig war, schwang es seine Flügel und flog vor ihnen her, und sie gingen ihm nach, bis sie zu einem Häuschen gelangten, auf dessen Dach es sich setzte, und als sie ganz nah herankamen, so sahen sie, dass das Häuslein aus Brot gebaut war und mit Kuchen gedeckt, aber die Fenster waren von hellem Zucker.

Durch die Stiefmutter wurden Hänsel und Gretel in den Wald geführt. Nun werden sie von einem weißen Vogel weiter zum Hexenhaus gebracht. Dieser erscheint nicht zufällig. Er ist weiß wie der Schnee. So hervorgehoben ist die Farbe im Märchen immer das Symbol der Weisheit (»die Qualität der weißen Farbe«). In dem Vogel werden die Intentionen der Stiefmutter fortgeführt und gesteigert. Hatten sich die Kinder bislang nur im Wald verirrt, so werden sie von nun an in dem Hexenhaus gefangen gehalten. *Es ist daher die Stiefmutter, die Hänsel und Gretel in der Gestalt des weißen Vogels erscheint.* In derselben Weise trägt unser Höheres ICH Sorge dafür, dass unser Erden-ICH zu den notwendigen Entwicklungsschritten geführt wird.

»Da wollen wir uns dranmachen«, sprach Hänsel, »und eine gesegnete Mahlzeit halten. Ich will ein Stück vom Dach essen, Gretel, du kannst vom Fenster essen, das schmeckt süß.« Hänsel reichte in die Höhe und brach sich ein wenig vom Dach ab, um zu versuchen, wie es schmeckte, und Gretel stellte sich an die Scheiben und knusperte daran. Da rief ein feine Stimme aus der Stube heraus: »Knuper, knuper, kneischen, wer knupert an meinem Häuschen?« Die Kinder antworteten: »Der Wind, der Wind, das himmlische Kind«, und aßen weiter ohne sich irremachen zu lassen. Hänsel, dem das Dach sehr gut schmeckte, riss sich ein großes Stück davon herunter, und Gretel stieß eine ganze runde Fensterscheibe heraus, setzte sich nieder und tat sich wohl damit. Da ging auf einmal die Türe auf, und eine steinalte Frau, die sich auf eine Krücke stützte, kam herausgeschlichen. Hänsel und Gretel erschraken so gewaltig, dass sie fallen ließen, was sie in den Händen hielten. Die Alte aber wackelte mit dem Kopfe und sprach: »Ei, ihr lieben Kinder, wer hat euch hierher gebracht? Kommt nur herein und bleibt bei mir, es geschieht euch kein Leid.« Sie fasste beide an der Hand und führte sie in ihr Häuschen. Da ward gutes Essen aufgetragen, Milch und Pfannekuchen mit Zucker, Äpfel und Nüsse. Hernach wurden zwei schöne Bettlein weiß gedeckt, und Hänsel und Gretel legten sich hinein und meinten, sie wären im Himmel.

Ein Haus gebaut aus Süßigkeit. Seit Tagen irren Hänsel und Gretel in dem gefährlichen Wald umher, müssen fast Hungers sterben, und nun taucht dieses Häuschen auf. Es sieht verführerisch aus, aber bringt sein Genuss eine Lösung? Übertragen wir das Bild auf die

Seelenebene. Der Mensch empfindet sich gegenüber der Krise schutzlos ausgeliefert und nun begegnet ihm die Verlockung einer »zuckersüßen« Lösung«. Ein Entwicklungsschritt steht an und der Mensch findet sich im Schlaraffenland wieder? Dies muss uns skeptisch stimmen. So entpuppt sich das Hexenhaus auch nicht als eine gemütliche Waldpension, sondern als Gefängnis, in dem man am Ende auch noch gebraten werden soll.

Die Alte hatte sich nur so freundlich angestellt, sie war aber eine böse Hexe, die den Kindern auflauerte, und hatte das Brothäuschen bloß gebaut, um sie herbeizulocken. Wenn eins in ihre Gewalt kam, so machte sie es tot, kochte es und aß es, und das war ein Festtag. Die Hexen haben rote Augen und können nicht weit sehen, aber sie haben eine feine Witterung, wie die Tiere und merken's, wenn Menschen herankommen. Als Hänsel und Gretel in ihre Nähe kamen, da lachte sie boshaft und sprach höhnisch: »Die habe ich, die sollen mir nicht wieder entwischen.«

Ein Mensch wird in einer Lebenskrise wohl kaum vor Selbstsicherheit strotzen, sondern eher von Verunsicherung und Angst erfüllt sein. Diese können unser Denken und Handeln machtvoll bestimmen. Die Hexe ist nichts anderes als die Spiegelung dieser Angst. Ihre Macht bezieht sie vollständig aus unserer eigenen Verunsicherung (»die Qualität der Hexe«). Setzt man in den nächsten Zeilen anstelle der »Hexe« immer das Wort »Angst« ein, so sieht man, wie sie sich Schritt um Schritt der menschlichen Seele bemächtigt, sobald sie die Möglichkeit dazu bekommt.

Frühmorgens, ehe die Kinder erwacht waren, stand sie [die Angst] *schon auf, und als sie* [die Angst] *beide so lieblich ruhen sah, mit den vollen roten Backen, so murmelte sie* [die Angst] *vor sich hin: »Das wird ein guter Bissen werden.« Da packte sie* [die Angst] *Hänsel mit ihrer dürren Hand und trug ihn in einen kleinen Stall und sperrte ihn mit einer Gittertüre ein; er mochte schreien, wie er wollte, es half ihm nichts. Dann ging sie* [die Angst] *zur Gretel, rüttelte sie wach und rief: »Steh auf Faulenzerin, trag Wasser und koch deinem Bruder etwas Gutes, der sitzt draußen im Stall und soll fett werden. Wenn er fett ist, so will ich ihn essen.« Gretel fing an, bitterlich zu weinen, aber es war alles vergeblich, sie musste tun, was die böse Hexe* [die Angst] *verlangte.*

Hänsel und Gretel werden zum ersten Mal getrennt. Solange die Kinder in Freiheit waren, gingen die Handlungsimpulse von Hänsel aus. Er sammelte die weißen Kieselsteine und fand den Weg zum elterlichen Haus zurück. Gretel dagegen wurde geführt. Dies ändert sich nun grundlegend in der Gefangenschaft des Hexenhauses. Im Stall ist Hänsels Bewegungsradius vollkommen eingeschränkt. Stattdessen ist nun Gretel diejenige, welche die Hexe in den Ofen stoßen wird. Auch an dieser Stelle unterscheidet das Märchen das männliche und weibliche Prinzip. Hänsel als Symbol unseres Denkens ist fast bewegungsunfähig. Tatsächlich werden Lebenskrisen in der Regel nicht durch Nachdenken gelöst. Erst durch längere und vielfach unbewusste Prozesse kommt der Mensch der Lösung näher. Sie werden durch Gretel symbolisiert (»die Qualität des männlichen und weiblichen Prinzips«).

Nun ward dem armen Hänsel das beste Essen gekocht, aber Gretel bekam nichts als Krebsschalen. Jeden Morgen schlich die Alte zu dem Ställchen und rief: »Hänsel, streck deine Finger heraus, damit ich fühle, ob du bald fett bist.« Hänsel streckte ihr aber ein Knöchlein heraus, und die Alte, die trübe Augen hatte, konnte es nicht sehen, und meinte, es wären Hänsels Finger, und verwunderte sich, dass er gar nicht fett werden wollte.

Mit dem Knochen haben wir wiederum ein ganz verdichtetes Bild (siehe zum Knochen auch »die Qualität der weißen Farbe«). Er ist Ausdruck der besonnenen Klugheit, die Hänsel in der Situation beweist. Das löst die Krise nicht – aber das Denken vermag sie zu relativieren. Darin liegt der Beitrag unserer Verstandeskräfte. Die eigentliche Befreiung geht aber von Gretel aus.

Als vier Wochen herum waren und Hänsel immer mager blieb, da überkam sie die Ungeduld und sie wollte nicht länger warten. »Heda, Gretel«, rief sie dem Mädchen zu, »sei flink und trag Wasser: Hänsel mag fett oder mager sein, morgen will ich ihn schlachten und kochen.« Ach, wie jammerte das arme Schwesterchen, als es das Wasser tragen musste, und wie flossen ihm die Tränen über die Backen herunter! »Lieber Gott, hilf uns doch«, rief sie aus, »hätten uns nur die wilden Tiere im Wald gefressen, so wären wir doch zusammen gestorben.« »Spar nur dein Geplärre«, sagte die Alte, »es hilft dir alles nichts.« Frühmorgens musste Gretel heraus, den Kessel mit Wasser aufhängen und Feuer anzünden. »Erst wollen wir backen«, sagte die Alte, »ich habe den Backofen schon eingeheizt und den Teig geknetet.« Sie stieß das arme Gretel hinaus zu dem Backofen, aus dem die Feuerflammen schon herausschlugen. »Kriech hinein«, sagte die Hexe, »und sieh zu, ob recht eingeheizt ist, damit wir das Brot hineinschieben können.« Und wenn Gretel darin war, wollte sie den Ofen zumachen, und Gretel sollte darin braten, und dann wollte sie's auch aufessen. Aber Gretel merkte, was sie im Sinn hatte, und sprach: »Ich weiß nicht, wie ich's machen soll; wie komm ich da hinein?« »Dumme Gans«, sagte die Alte, »die Öffnung ist groß genug, siehst du wohl, ich könnte selbst hinein«, krabbelte heran und steckte den Kopf in den Backofen. Da gab ihr Gretel einen Stoß, dass sie weit hineinfuhr, machte die eiserne Tür zu und schob den Riegel vor. Hu! da fing sie an zu heulen, ganz grauselich; aber Gretel lief fort, und die gottlose Hexe musste elendiglich verbrennen. Gretel aber lief schnurstracks zum Hänsel, öffnete sein Ställchen und rief: »Hänsel, wir sind erlöst, die alte Hexe ist tot.« Da sprang Hänsel heraus, wie ein Vogel aus dem Käfig, wenn ihm die Türe aufgemacht wird. Wie haben sie sich gefreut, sind sich um den Hals gefallen, sind herumgesprungen und haben sich geküsst! Und weil sie sich nicht mehr zu fürchten brauchten, so gingen sie in das Haus der Hexe hinein, da standen in allen Ecken Kasten mit Perlen und Edelsteinen. »Die sind noch besser als Kieselsteine«, sagte Hänsel und steckte in seine Taschen, was hinein wollte, und Gretel sagte: »Ich will auch etwas mit nach Haus bringen«, und füllte sich sein Schürzchen voll.

Ist der Mensch durch eine Krise hindurchgegangen, so ist er hinterher nicht mehr derselbe wie zuvor. Nicht immer springen uns die neu errungenen Kräfte wie blinkende Edelsteine ins Auge. Viel häufiger sammelt unsere Seele ihre Schätze ganz im Stillen ein. Und trotzdem ist der Reichtum eines am Leben gereiften Menschen für die Umgebung unmittelbar spürbar.

»Aber jetzt wollen wir fort«, sagte Hänsel, »damit wir aus dem Hexenwald herauskommen.« Als sie aber ein paar Stunden gegangen waren, gelangten sie an ein großes Wasser. »Wir können nicht hinüber«, sprach Hänsel, »ich sehe keinen Steg und keine Brücke.« »Hier fährt auch kein Schiffchen«, antwortete Gretel, »aber da schwimmt eine weiße Ente, wenn ich die bitte, so hilft sie uns hinüber.« Da rief sie: »Entchen, Entchen, da steht Gretel und Hänsel. Kein Steg und keine Brücke, nimm uns auf deinen weißen Rücken.« Das Entchen kam auch heran, und Hänsel setzte sich auf und bat sein Schwesterchen, sich zu ihm zu setzen. »Nein«, antwortete Gretel, »es wird dem Entchen zu schwer, es soll uns nacheinander hinüberbringen.« Das tat das gute Tierchen, und als sie glücklich drüben waren und ein Weilchen fortgingen, da kam ihnen der Wald immer bekannter und immer bekannter vor, und endlich erblickten sie von weitem ihres Vaters Haus. Da fingen sie an zu laufen, stürzten in die Stube hinein und fielen ihrem Vater um den Hals. Der Mann hatte keine frohe Stunde gehabt, seitdem er die Kinder im Walde gelassen hatte, die Frau aber war gestorben.

Hänsel und Gretel treten den Heimweg an. Es wundert nicht, dass sie jetzt sofort den richtigen Weg finden. Ein drittes Mal werden die

Kinder wie unsichtbar von der Stiefmutter begleitet. In Gestalt einer weißen Ente hilft sie Hänsel und Gretel nun über das große Wasser. Die ganze Zeit über war sie im Hintergrund zugegen: Zuerst trieb sie die Kinder in den Wald und jetzt trägt sie sie wieder aus ihm hinaus. Indem die Stiefmutter die Kinder dem Vater zuführt, schließt sich der Kreis zum Ganzen.

> *Gretel schüttete sein Schürzchen aus, dass die Perlen und Edelsteine in der Stube herumsprangen, und Hänsel warf eine Handvoll nach der andern aus seiner Tasche dazu. Da hatten alle Sorgen ein Ende, und sie lebten in lauter Freude zusammen. Mein Märchen ist aus, dort läuft eine Maus, wer sie fängt, darf sich eine große, große Pelzkappe daraus machen.*

Verdichtung

Hänsel und Gretel beschreiten einen Weg, auf dem sie schließlich zu großem Reichtum kommen. Auch die Menschenseele erringt sich auf manch leidvollem Lebensgang den Reichtum eines vertieften Weltverständnisses. Wären wir zuvor gefragt worden, ob wir diesen Weg auch wirklich gehen wollten, so hätten wir sicher häufig dankend abgelehnt, um lieber in die »Armut« zurückzueilen. Hänsel versucht dies mit seinen Kieselsteinen. Eine höhere Weisheit begleitet die Menschenseele, wenn sie in den Wald und sogar zu dem Hexenhaus gebracht wird. Je mehr auf der anderen Seite der Sinn dieses leidvollen Weges verstanden und angenommen wird, desto reicher sind die Schätze, welche die Seele am Ende vorfindet.

Rotkäppchen

Es war einmal eine kleine süße Dirne, die hatte jedermann lieb, der sie nur ansah, am allerliebsten aber ihre Großmutter, die wusste gar nicht, was sie alles dem Kinde geben sollte. Einmal schenkte sie ihm ein Käppchen von rotem Sammet, und weil ihm das so wohl stand und es nichts anders mehr tragen wollte, hieß es nur das Rotkäppchen. Eines Tages sprach seine Mutter zu ihm: »Komm, Rotkäppchen, da hast du ein Stück Kuchen und eine Flasche Wein, bring das der Großmutter hinaus; sie ist krank und schwach und wird sich daran laben. Mach dich auf, bevor es heiß wird, und wenn du hinauskommst, so geh hübsch sittsam und lauf nicht vom Weg ab, sonst fällst du und zerbrichst das Glas, und die Großmutter hat nichts. Und wenn du in ihre Stube kommst, so vergiss nicht, guten Morgen zu sagen, und guck nicht erst in alle Ecken herum.« »Ich will schon alles gut machen«, sagte Rotkäppchen zur Mutter und gab ihr die Hand darauf. Die Großmutter aber wohnte draußen im Wald, eine halbe Stunde vom Dorf.

Mit »Rotkäppchen« haben wir ein Märchen, das einen großen Blick auf die Bewusstseinsentwicklung der Menschheit ermöglicht. Betrachten wir zunächst die beiden Hauptfiguren: Auf der einen Seite haben wir die Großmutter, welche alt, krank und schwach ist. Ihr gegenüber steht das junge und kräftige Rotkäppchen. In aller Schlichtheit symbolisiert das Märchen in ihnen *zwei bedeutende Entwicklungszustände* der Menschheit. Die Großmutter repräsentiert die fortwährend schwächer werdende Seelenverfassung vergangener Menschheitstage. Rotkäppchen hingegen verkörpert eine ganz neue Seelenart. Worauf deutet das rote Käppchen hin? Rot ist die Farbe geballter Kraft und das Käppchen führt uns, indem es das Haupt betont, zu der Seelenfähigkeit des Denkens. Äußerlich gesehen schützt eine Mütze vor Sonne, Regen und Wind. Geistig betrachtet schirmt die Kappe jedoch den Menschen von den einwirkenden kosmisch-geistigen Einflüssen ab. In Rotkäppchen wandelt sich das Denken zum *Eigendenken*, welches den Menschen von der Wahrnehmung der übersinnlichen Welt abkapselt und loslöst. Es wird individuell. Darin besteht das Vermächtnis der Großmutter.

Diese wohnt in einem Wald. Im Märchen wird ein solcher meistens nur in der Dunkelheit der Nacht betreten. Bei Rotkäppchen ist dies anders, denn als es den Wald erreicht, ist es früh am Morgen. Qualitativ scheinen sich das Dunkel des Waldes und die Helligkeit des Morgens zu widersprechen. Aber gerade dieser unauffällige Widerspruch enthüllt einen wichtigen Aspekt der neuen Seelenart. Wie ist dies aufzufassen? Durch die Tageshelle können wir die Bäume der unmittelbaren Umgebung genau betrachten. Auf der anderen Seite jedoch verhindern diese Bäume, dass wir in die Ferne schauen können. Der »helle Wald« wird daher auf der Seelenebene zum Bild einer *kosmischen Kurzsichtigkeit,* in der sich der heutige Mensch immer noch befindet: Obgleich wir die Oberfläche der uns umgebenden Dinge wissenschaftlich genauestens untersuchen können, ist uns der Zugang zu ihrem *inneren* Wesen vielfach wie verstellt.

Die Mutter ist die einzige Gestalt in dem Märchen, die sich nicht in den Wald begibt. Sie ermahnt ihr Kind: »Sei sittsam, verlasse nicht den Weg, sag guten Morgen und guck nicht in die Ecken.« In ihr kreuzt sich die alte mit der neuen Seelenverfassung. Als Mischform offenbart sie jedoch auch alle Unvollkommenheiten eines solchen Übergangs. Die moralischen Verhaltensregeln der Mutter gleichen leeren Konventionen. Schaut man jedoch genauer hin, so tönt die alte Weisheit dennoch hindurch: *Verlasse nicht den Weg.* Die Mutter weiß noch, dass sich die Menschenseele einzig auf dem vorgezeichneten Pfad der geistigen Welt ganz gefahrlos bewegen kann. *Sei sittsam* – sei dir bewusst, welchen Platz du im Kosmos einnimmst. *Schau nicht in die Ecken* – erhebe dich nicht hochmütig über die Weltenordnung! So könnte man die Worte der Mutter im Sinne der alten Ordnung übersetzen.

Wie nun Rotkäppchen in den Wald kam, begegnete ihm der Wolf. Rotkäppchen aber wusste nicht, was das für ein böses Tier war, und fürchtete sich nicht vor ihm. »Guten Tag, Rotkäppchen«, sprach er. »Schönen Dank, Wolf.« »Wo hinaus so früh, Rotkäppchen?« »Zur Großmutter.« »Was trägst du unter der Schürze?« »Kuchen und Wein: gestern haben wir gebacken, da soll sich die kranke und schwache Großmutter etwas zugut tun und sich damit stärken.« »Rotkäppchen, wo wohnt deine Großmutter?« »Noch eine gute Viertelstunde weiter im Wald, unter den drei großen Eichbäumen, da steht ihr Haus, unten sind die Nusshecken, das wirst du ja wissen«, sagte Rotkäppchen. Der Wolf dachte bei sich: »Das junge zarte Ding, das ist ein fetter Bissen, der wird noch besser schmecken als die Alte: du musst es listig anfangen, damit du beide erschnappst.« Da ging er ein Weilchen neben Rotkäppchen her, dann sprach er: »Rotkäppchen, sieh einmal die schönen Blumen, die ringsumher stehen, warum guckst du dich nicht um? Ich glaube, du hörst gar nicht, wie die Vöglein so lieblich singen? Du gehst ja für dich hin, als wenn du zur Schule gingst, und ist so lustig haußen in dem Wald.« Rotkäppchen schlug die Augen auf, und als es sah, wie die Sonnenstrahlen durch die Bäume hin und her tanzten und alles voll schöner Blumen stand, dachte es: »Wenn ich der Großmutter einen frischen Strauß mitbringe, der wird ihr auch Freude machen; es ist so früh am Tag, dass ich doch zu rechter Zeit ankomme«, lief vom Wege ab in den Wald hinein und suchte Blumen. Und wenn es eine gebrochen hatte, meinte es, weiter hinaus stände eine schönere, und lief darnach, und geriet immer tiefer in den Wald hinein.

Nun begegnet Rotkäppchen dem Wolf. Erstaunlicherweise kennt sie ihn nicht. Ihr ist überhaupt nicht bewusst, wie gefährlich er in Wirklichkeit ist. Ganz naiv und unbedarft antwortet sie ihm reinen Herzens auf alle seine Fragen. Da tut der Wolf etwas Überraschendes: *Er öffnet dem Rotkäppchen die Augen.* Sie wird sehend für den Wald und vergisst im selben Augenblick den Weg zur Großmutter. Dieser Weg aber ist das Symbol für die Führung der Menschheit durch die geistige Welt. Mit dem Verlassen des Weges ist der Übergang vom alten intuitiv-hellfühlenden zum äußerlich-subjektiven Wahrnehmen der Menschheit markiert. *So wie Rotkäppchen alle Ermahnungen der Mutter vergisst, wird der Mensch alles vergessen, was ihm als Weisheit vergangener Zeiten zugänglich war. Damit überlässt er sich der Welt der Sinne und der Sinnlichkeit.* Dies charakterisiert den »neuen Weg«, der im übertragenen Sinn von einer schönen zu einer noch schöneren Blume führt.

Der Wolf aber ging geradeswegs nach dem Haus der Großmutter und klopfte an die Türe. »Wer ist draußen?« »Rotkäppchen, das bringt Kuchen und Wein, mach auf.« »Drück nur auf die Klinke«, rief die Großmutter, »ich bin zu schwach und kann nicht aufstehen.« Der Wolf drückte auf die Klinke, die Türe sprang auf, und er ging, ohne ein Wort zu sprechen, gerade zum Bett der Großmutter und verschluckte sie. Dann tat er ihre Kleider an, setzte ihre Haube auf, legte sich in ihr Bett und zog die Vorhänge vor.

Man könnte nun fragen, warum es der Wolf eigentlich so umständlich anstellt: Nachdem er vom Rotkäppchen erfahren hat, wo die Großmutter wohnt, hätte er das Mädchen doch auf der Stelle verschlingen können, um anschließend in aller Ruhe die Großmutter aufzusuchen. Dies ist jedoch äußerlich-quantitativ gedacht. Genauso wenig wie man den zweiten Schritt vor dem ersten gehen kann, könnte der Wolf Rotkäppchen vor der Großmutter fressen. Die Seelenverfassung, welche das Mädchen symbolisiert, ging aus einer früheren hervor. Will der Wolf also Rotkäppchen verschlingen, so muss er zuerst ihren Ursprung aufsuchen.

Rotkäppchen aber war nach den Blumen herumgelaufen, und als es so viel zusammen hatte, dass es keine mehr tragen konnte, fiel ihm die Großmutter wieder ein, und es machte sich auf den Weg zu ihr.

Die Menschenseele ist ganz erfüllt von den Eindrücken der sinnlichen Welt. Rotkäppchen hat die Arme so voller Blumen, das sie keine einzige mehr tragen kann. Wie aus der Ferne erinnert sie sich jetzt wieder der Großmutter.

Es wunderte sich, dass die Türe aufstand, und wie es in die Stube trat, so kam es ihm so seltsam darin vor, dass es dachte: »Ei, du mein Gott, wie ängstlich wird mir's heute zumut, und bin sonst so gerne bei der Großmutter!« Es rief »Guten Morgen«, bekam aber keine Antwort. Darauf ging es zum Bett und zog die Vorhänge zurück: da lag die Großmutter und hatte die Haube tief ins Gesicht gesetzt und sah so wunderlich aus. »Ei, Großmutter, was hast du für große Ohren!« »Dass ich dich besser hören kann.« »Ei, Großmutter, was hast du für große Augen!« »Dass ich dich besser sehen kann.« »Ei, Großmutter, was hast du für große Hände!« »Dass ich dich besser packen kann.« »Aber, Großmutter, was hast du für ein entsetzlich großes Maul!« »Dass ich dich besser fressen kann.« Kaum hatte der Wolf das gesagt, so tat er einen Satz aus dem Bette und verschlang das arme Rotkäppchen. Wie der Wolf sein Gelüsten gestillt hatte, legte er sich wieder ins Bett, schlief ein und fing an, überlaut zu schnarchen.

Rotkäppchen kann die Großmutter nicht mehr antreffen. Aus dem Bett schaut ihr nun dasjenige entgegen, was ihr seit dem Verlassen des ursprünglichen Weges zum Leitbild geworden ist: die sinnliche Welt. Zwar hat sich diese mit dem Häubchen gewissermaßen ein Mäntelchen der Weisheit übergeworfen, doch jetzt steckt etwas anderes darin. Was ist hier der Wolf? Rotkäppchen fragt nach den großen Ohren, den großen Augen, den großen Händen und dem großen Maul: Hören, Sehen, Fühlen und Schmecken – die Sinne. *Der Wolf ist die Begierde nach der Sinnlichkeit der Welt, die Gier nach sinnlicher Befriedigung.* Die jung und zart aufstrebende Geisteshaltung der Menschheit ist dem hoffnungslos ausgeliefert. Sie wird von dieser unbändigen Kraft vollkommen verschlungen.

Der Wolf begibt sich schnarchend zur Ruhe: Ist die Begierde nach Sinnlichkeit gestillt, wird unser Geist der Tendenz nach träge und schläfrig. Mit seinem Erwachen baut sich jedoch auch sogleich wieder das Bedürfnis nach sinnlicher Befriedigung auf. Nur der Jäger kann diesen Kreislauf durchbrechen.

Der Jäger ging eben an dem Haus vorbei und dachte: »Wie die alte Frau schnarcht, du musst doch sehen, ob ihr etwas fehlt.« Da trat er in die Stube, und wie er vor das Bette kam, so sah er, dass der Wolf darin lag. »Finde ich dich hier, du alter Sünder«, sagte er, »ich habe dich lange gesucht.« Nun wollte er seine Büchse anlegen, da fiel ihm ein, der Wolf könnte die Großmutter gefressen haben und sie wäre noch zu retten: schoss nicht, sondern nahm eine Schere und fing an, dem schlafenden Wolf den Bauch aufzuschneiden. Wie er ein paar Schnitte getan hatte, da sah er das rote Käppchen leuchten, und noch ein paar Schnitte, da sprang das Mädchen heraus und rief: »Ach, wie war ich erschrocken, wie war's so dunkel in dem Wolf seinem Leib!« Und dann kam die alte Großmutter auch noch lebendig heraus und konnte kaum atmen. Rotkäppchen aber holte geschwind große Steine, damit füllten sie dem Wolf den Leib, und wie er aufwachte, wollte er fortspringen, aber die Steine waren so schwer, dass er gleich niedersank und sich tot fiel.

Der Jäger ist stärker als der Wolf. Er könnte ihn mit einer Kugel ganz einfach töten. Im menschlichen Wesen gibt es nur eine einzige Instanz, die stärker ist als seine Begierdennatur: das ICH. Mit dem ICH kann der Mensch den *Wolf in sich* bezwingen. Zwei Dinge sind im Weiteren bedeutsam. Es wird darauf hingewiesen, dass der Jäger den Wolf schon lange gesucht habe. Folglich ist es gar nicht so einfach, diesen in sich zu entdecken, bzw. wahrzunehmen. Eine ganz besondere Situation ergibt sich daher, wenn sich Jäger und Wolf, will heißen: ICH und eigene Begierde, Aug in Aug gegenüberstehen und sich ihrer Natur nach erkennen. Jetzt entsteht ein Kampf, der auch als solcher in der Seele erlebbar ist. Zwar ist das menschliche ICH seinem Wesen nach stärker, aber berufen kann es sich darauf nicht – es muss dies in jeder Auseinandersetzung neu beweisen.

Die zweite Wendung besteht darin, dass sich der Jäger gar nicht als Jäger, sondern im Grunde als Schneider betätigt. Erschösse er den Wolf, wäre das nicht nur sinnlos, sondern es hätte darüber hinaus sogar schlimme Folgen. Würde der Mensch sich seine Begierdennatur durch Geißelung oder übertriebene Askese aus der Seele reißen wollen, käme dies der Erschießung des Wolfes im Märchen gleich. Eine gewaltsame Unterdrückung würde bewirken, dass er auch als geistig-seelisches Wesen ersterben müsste.

Der Jäger verzichtet auf das Erschießen, nachdem er sich besonnen hat. Die Schere, mit welcher er Rotkäppchen und die Großmutter befreit, symbolisiert die Schärfe des menschlichen Verstandes. Nachdem Rotkäppchen gerettet ist, ruft es: *»… wie war's so dunkel in dem Wolf seinem Leib.«* Wenn das menschliche ICH den Sieg gegen seine Begierdennatur errungen hat, dann erlebt es sich im Vergleich zu früher viel heller. Auch die Großmutter wird nun befreit. Den leeren Bauch füllen sie mit Steinen, wodurch sich der Wolf daraufhin zu Tode stürzt. Dies ist ein bedeutsamer Punkt. Es kommt gar nicht darauf an, dass der Wolf nur tot ist. Das »Wie« ist vielmehr das Entscheidende. *Die Gier des Menschen muss sich im Spiegel des ICH selbst ad absurdum führen. Der Kampf zwischen ICH und Begierde wird so lange dauern, bis diese sich selbst tötet.*

Da waren alle drei vergnügt; der Jäger zog dem Wolf den Pelz ab und ging damit heim, die Großmutter aß den Kuchen und trank den Wein, den Rotkäppchen gebracht hatte, und erholte sich wieder, Rotkäppchen aber dachte: »Du willst dein Lebtag nicht wieder allein vom Wege ab in den Wald laufen, wenn dir's die Mutter verboten hat.«

Fasst man diese letzten Sätze im Sinne einer Moral auf, so denkt man über das »Rotkäppchen« zu klein. Das Märchen hat – wie zu Beginn erwähnt – kosmische Dimensionen. Wenn die Menschheit sich so entwickelt haben wird, dass das ICH alle niederen Begierden verwandelt hat, werden sich die Wege von Rotkäppchen und der Großmutter wieder vereinen. In dem Augenblick wird die Menschheit eine Entwicklungsstufe erreicht haben, die äußeres Wissen und innere Weisheit zusammenführt. Mit diesem großen Ausblick auf die Menschheitszukunft endet das Märchen.

Verdichtung

Das »Rotkäppchen« ermöglicht einen großen Blick auf die Bewusstseinsentwicklung der Menschheit. Die Großmutter symbolisiert das alte, weisheitsvolle Erfassen des Kosmos. In Rotkäppchen wandelt sich die Art des menschlichen Denkens. Der Weg der göttlichen Führung wird verlassen und gleichzeitig erwacht die Natur des Wolfes im Menschen. Er tötet die letzten Reste eines vergangenen Bewusstseins. Der Mensch kann den Kampf gegen seine Begierdennatur (Wolf) nur aus seinem ICH führen. Er darf sie jedoch nicht ertöten, sondern muss dafür sorgen, dass sich der *Wolf in ihm* am Ende selbst zu Tode stürzt.

Der Geist im Glas

Es war einmal ein armer Holzhacker, der arbeitete vom Morgen bis in die späte Nacht. Als er sich endlich etwas Geld zusammengespart hatte, sprach er zu seinem Jungen: »Du bist mein einziges Kind, ich will das Geld, das ich mit saurem Schweiß erworben habe, zu deinem Unterricht anwenden; lernst du etwas Rechtschaffenes, so kannst du mich im Alter ernähren, wenn meine Glieder steif geworden sind und ich daheim sitzen muss.«

In einem Zeitalter, in dem es noch keine Rentenansprüche und Krankenversicherungen gab, müsste man ein solches Handeln als vorausschauend bezeichnen. *Betrachten wir die Bilder auf der Seelenebene, so charakterisieren Vater und Sohn wiederum einen Teil unseres eigenen Wesens.* Der Vater symbolisiert unseren Vergangenheitsstrom. Bestimmte Ereignisse haben uns berührt und geprägt. Durch sie sind wir Gewordene. Als Werdende hingegen erblicken wir uns im Sohn. Für unsere »Seelenkapitalversicherung« muss es daher heißen: Dasjenige, was sich die Seele heute erarbeitet, wird sie in Zukunft tragen und nähren. Wollen wir später also nicht »mittellos« dastehen, müssen wir heute im seelisch-geistigen Sinne vorsorgen.

Da ging der Junge auf eine hohe Schule und lernte fleißig, so dass ihn seine Lehrer rühmten, und blieb eine Zeitlang dort. Als er ein paar Schulen durchgelernt hatte, doch aber noch nicht in allem vollkommen war, so war das bisschen Armut, das der Vater erworben hatte, draufgegangen, und er musste wieder zu ihm heimkehren. »Ach«, sprach der Vater betrübt, »ich kann dir nichts mehr geben und kann in der teuren Zeit auch keinen Heller mehr verdienen als das tägliche Brot.« »Lieber Vater«, antwortete der Sohn, »macht Euch darüber keine Gedanken, wenn's Gottes Wille also ist, so wird's zu meinem Besten ausschlagen; ich will mich schon dreinschicken.«

Die beste Schule ist wohl das Leben selbst. In ihr geht es nicht darum, sich äußeres Wissen anzueignen, sondern »zu erkennen, was die Welt im Innersten zusammenhält«. Gelingt uns dies, so werden wir die Schwierigkeiten und Widerstände des Lebens als Übungen nehmen, welche unsere Seele stärken.

Der Sohn hätte eigentlich allen Grund, traurig zu sein. Nachdem er so hoffnungsvoll begonnen hat, sein Leben anders zu gestalten als der Vater, könnte der Junge eigentlich resignieren, weil er nun in Armut heimkehren muss. Aber das Gegenteil ist der Fall. *Im Vertrauen auf sein Schicksal, nimmt er an, dass ihm gerade das zum Besten ausschlagen wird.* Es gehört viel dazu, Schicksalsschläge in dieser Art aufzufassen.

Das Gewerbe des Vaters ist bedeutungsvoll. Ein Holzhacker teilt und spaltet die gefällten Bäume. Übertragen wir diese Tätigkeiten auf die Seelenebene, so finden wir sie im *Denken* wieder. Denkend trennen wir unsere Wahrnehmungen und spalten das Wesentliche vom Unwesentlichen, um es anschließend in den Mittelpunkt unserer Aufmerksamkeit zu stellen. Dies liefert eines der wichtigsten Instrumente zur Welterkenntnis. Durch den Beruf des Vaters zieht es sich als zentrales Thema durch das ganze Märchen.

Als der Vater hinaus in den Wald wollte, um etwas am Malterholz zu verdienen, so sprach der Sohn: »Ich will mit Euch gehen und Euch helfen.« »Ja, mein Sohn«, sagte der Vater, »das sollte dir beschwerlich ankommen, du bist an harte Arbeit nicht gewöhnt, du hältst das nicht aus; ich habe auch nur eine Axt und kein Geld übrig, um noch eine zu kaufen.« »Geht nur zum Nachbar«, antwortete der Sohn, »der leiht Euch seine Axt so lange, bis ich mir selbst eine verdient habe.«

Durch den Vater und den Sohn wird das menschliche Denken nun in seinen Qualitäten genauer differenziert. Der Vater schätzt die Kräfte seines Sohnes für die harte Arbeit als zu gering ein. Er repräsentiert ein nüchternes Denken, welches sich an den Traditionen der

Vergangenheit orientiert. Die Handlungsimpulse des Sohnes dagegen sind ganz auf die Zukunft gerichtet. Er will bereits in der Gegenwart mit etwas arbeiten, was ihm erst später gehören wird. Der Junge bittet sozusagen um Kredit (lat. credere: vertrauen). Durch Vertrauen gestaltet sich *gegenwärtig* die Zukunft. Ein Problem bringt das Denken des Sohnes nicht zum Stillstand, sondern regt ihn vielmehr an, nach Lösungen zu suchen.

Beide Aspekte unseres Denkens sind notwendig. Auf der einen Seite ist es sinnvoll, die Erfahrungen der Vergangenheit zu Rate zu ziehen. Andererseits entstehen kreative, zukunftsweisende Wege durch ein Denken, was sich selbst über seine Gewohnheit hinaus in Bewegung setzen kann. Nur die Verbindung von beiden Denkungsarten ist für das Leben erquicklich.

Da borgte der Vater beim Nachbar eine Axt, und am andern Morgen, bei Anbruch des Tags, gingen sie zusammen hinaus in den Wald. Der Sohn half dem Vater und war ganz munter und frisch dabei. Als nun die Sonne über ihnen stand, sprach der Vater: »Wir wollen rasten und Mittag halten, hernach geht's noch einmal so gut.« Der Sohn nahm sein Brot in die Hand und sprach: »Ruht Euch nur aus, Vater, ich bin nicht müde, ich will in dem Wald ein wenig auf und ab gehen und Vogelnester suchen.« »O du Geck«, sprach der Vater, »was willst du da herumlaufen, hernach bist du müde und kannst den Arm nicht mehr aufheben; bleib hier und setze dich zu mir.«

Der Sohn aber ging in den Wald, aß sein Brot, war ganz fröhlich und sah in die grünen Zweige hinein, ob er etwa ein Nest entdeckte. So ging er hin und her, bis er endlich zu einer großen, gefährlichen Eiche kam, die gewiss schon viele hundert Jahre alt war und die keine fünf Menschen umspannt hätten. Er blieb stehen und sah sie an und dachte: »Es muss doch mancher Vogel sein Nest hineingebaut haben.« Da däuchte ihn auf einmal, als hörte er eine Stimme. Er horchte und vernahm, wie es mit so einem recht dumpfen Ton rief: »Lass mich heraus, lass mich heraus.« Er sah sich rings um, konnte aber nichts entdecken, doch es war ihm, als ob die Stimme unten aus der Erde hervorkäme.

Die Eiche ist ein Sinnbild für *Stärke* und *Beständigkeit*. Bei vielen Völkern Europas nimmt sie eine wichtige Stellung ein. Sie wurzelt tief im Erdreich und gelangt so leicht zum Wasser. Wohl auch deshalb wurde der Gott der Blitze als wesensverwandt mit der Eiche empfunden. Bei den Griechen war dies Zeus, bei den Römern Jupiter und bei den Germanen Donar.

Diese große, gefährliche Eiche symbolisiert unsere eigene Seele. Im Bild des Baumes wird sie wie in den dreidimensionalen Raum projiziert. Schauen wir dies genauer an. Unser Seelenleben gliedert sich in Vorstellungen, Gefühle und Willensimpulse. Genauso werden auch bei der Eiche drei Ebenen unterschieden: die Vogelnester befinden sich in luftigen Höhen. Damit ist die Ebene des *Denkens* gemeint. So sprechen wir zum Beispiel von Gedankenflügen. Wenn wir uns im Denken allzu sehr von den gegebenen Realitäten entfernen, können wir die Bodenhaftung verlieren. Auf dem Erdboden finden wir *»das Laub bei den Wurzeln«*. Mit dem Laub wird auf den *Willens*bereich verwiesen. Steht jemand »mit beiden Beinen im Leben«, so handelt er in Bezug auf die irdischen Realitäten richtig. In der Mitte liegt das *Fühlen*, mit welchem sich das eigene ICH am meisten identifiziert. Der Junge befindet sich in der Mitte zwischen den Vogelnestern und dem Laub. Durch ihn wird das Fühlen repräsentiert.

Jeder Gedanke, der von uns gedacht wird, ist in unterschiedlichem Maß von unserem Willen durchdrungen. Erst dadurch erhält er Intensität und die notwendige Erdenschwere. Verbindet sich der Wille nur schwach mit dem Gedachten, so bekommen die Gedanken etwas Luftiges, und wir bauen mit ihnen im wirkungsvollsten Fall einfach nur wirkungslose Luftschlösser. Der Junge, welcher seine Aufmerksamkeit ganz auf die Vogelnester richtet, ist ein Bild für den Menschen, der stark in der Gedankensphäre lebt. Geschieht dies zu einseitig, so macht sich als Gegenpol der Wille bemerkbar.

Da rief er: »Wo bist du?« Die Stimme antwortete: »Ich stecke da unten bei den Eichwurzeln. Lass mich heraus, lass mich heraus.« Der Schüler fing an, unter dem Baum aufzuräumen und bei den Wurzeln zu suchen, bis er endlich in einer kleinen Höhlung eine Glasflasche entdeckte. Er hob sie in die Höhe und hielt sie gegen das Licht, da sah er ein Ding, gleich einem Frosch gestaltet, das sprang darin auf und nieder. »Lass mich heraus, lass mich heraus«, rief's von neuem, und der Schüler, der an nichts Böses dachte, nahm den Pfropfen von der Flasche ab. Alsbald stieg ein Geist heraus und fing an zu wachsen und wuchs so schnell, dass er in wenigen Augenblicken als ein entsetzlicher Kerl, so groß wie der halbe Baum, vor dem Schüler stand.

Mit dem Geist erscheint neben dem Vater und dem Sohn nun das dritte männliche Wesen. Ähnlich wie die Hexe besitzt auch er große Zauberkräfte. Während aber die Hexe ihre Macht aus den Ängsten des Menschen zieht und die Dunkelheit liebt (weibliches Prinzip), erscheint der Geist am helllichten Tag und handelt vollkommen durchschaubar (männliches Prinzip). *In jedem Augenblick spricht er die Wahrheit.* Er gibt gar nicht vor, ein anderer zu sein, sondern sagt geradewegs, was er vorhat.

»Weißt du«, rief er mit einer fürchterlichen Stimme, »was dein Lohn dafür ist, dass du mich herausgelassen hast?« »Nein«, antwortete der Schüler ohne Furcht, »wie soll ich das wissen?« »So will ich dir's sagen«, rief der Geist, »den Hals muss ich dir dafür brechen.«

Was symbolisiert der Geist? In dem Augenblick, in welchem sich die Gedankensphäre des Menschen mit seiner Willensebene vereint, entwickelt sich die ganze »Macht des Geistes«. Das Ergebnis ist etwas scheinbar Normales. Gleichzeitig verbirgt sich dahinter das denkbar größte Zerstörungspotenzial. *Es ist das Wissen. »Wissen ist Macht!«, und diese Macht wird durch den Geist symbolisiert.* Die zerstörerische Seite kehrt das Wissen in dem Moment nach außen, wenn ihm der Mensch in seiner moralischen Entwicklung nicht gewachsen ist. Im Umgang mit dem Feuer ist dies offensichtlich; es kann verheerende Katastrophen bewirken. Mit der Gentechnik oder der Atomenergie wird die Frage nach der moralischen Entwicklung für die ganze Menschheit existenziell. Wissen an sich ist weder gut noch schlecht. *Verwendet es der Mensch jedoch dafür, seinen persönlichen Egoismus zu nähren, indem er anderen Schaden zufügt, wird ihm das Wissen »den Hals brechen«.* Auf diesem Hintergrund erscheint die Sinnhaftigkeit abstrakter Wissensvermittlung in einem ganz anderen Licht. Es wird in Zukunft viel wichtiger sein, am Wissen eine moralische Kompetenz zu erwerben. Folgendes Beispiel aus dem zwischenmenschlichen Bereich ist subtiler, aber dem Prinzip nach gleich: Eine Gruppe spricht schlecht über einen abwesenden Menschen. Unwichtig dabei ist, ob es sich bei dem Gesagten um Unwahrheit oder möglicherweise sogar um Wahrheit handelt. Das versteckte Motiv des »Tratschens« besteht darin, den anderen schlecht aussehen zu lassen, mit dem Zweck, sich innerlich über ihn erheben zu können. Auch hier wird Wissen dazu benutzt, den persönlichen Egoismus zu steigern. Zwar bricht einem dies nicht sofort den Hals, aber man wird sich dadurch seelisch-geistig schwächen.

»Heute ist man der Ansicht, dass man sich um die moralischen Qualitäten desjenigen, den man zum Wissen zulässt, eigentlich erst in zweiter Linie zu kümmern hat, jedenfalls ist man nicht der Ansicht, dass das Wissen als solches abhängt von den moralischen Qualitäten. Das war in der alten Zeit durchaus nicht der Fall in Bezug auf die Mitteilung des Wissens. Niemandem teilte man in den alten Zeiten, in denen das Wissen durch Mysterien mitgeteilt worden ist, irgend etwas mit, was in Betracht kam an Wissen, der nicht durch entsprechende moralische Zucht strengster Art gegangen war.« *(Rudolf Steiner GA 171, 4. Vortrag)*

»Das hättest du mir früher sagen sollen«, antwortete der Schüler, »so hätte ich dich stecken lassen; mein Kopf aber soll vor dir wohl

feststehen, da müssen mehr Leute gefragt werden.« »Mehr Leute hin, mehr Leute her«, rief der Geist, »deinen verdienten Lohn, den sollst du haben. Denkst du, ich wäre aus Gnade da so lange Zeit eingeschlossen worden, nein, es war zu meiner Strafe; ich bin der großmächtige Merkurius, wer mich loslässt, dem muss ich den Hals brechen.«

Der Merkurius verweist auf den römischen Gott Merkur, welcher in Griechenland als Hermes verehrt wurde. Der Götterbote überbrachte den Sterblichen die Botschaften des Himmels und verband damit beide Welten. Wissen erhält dadurch eine weitere Dimension. Es wird für den Menschen zu einem Mittel, mit welchem er die Trennung zur geistigen Welt zunehmend überwindet. Sollte ein Wissen die Existenz der geistigen Welt leugnen wollen, so wäre es nicht tief genug.

»Sachte«, antwortete der Schüler, »so geschwind geht das nicht, erst muss ich auch wissen, dass du wirklich in der kleinen Flasche gesessen hast und dass du der rechte Geist bist: kannst du auch wieder hinein, so will ich's glauben, und dann magst du mit mir anfangen, was du willst.« Der Geist sprach voll Hochmut: »Das ist eine geringe Kunst«, zog sich zusammen und machte sich so dünn und klein, wie er anfangs gewesen war, also dass er durch dieselbe Öffnung und durch den Hals der Flasche wieder hineinkroch. Kaum aber war er darin, so drückte der Schüler den abgezogenen Pfropfen wieder auf und warf die Flasche unter die Eichwurzeln an ihren alten Platz, und der Geist war betrogen.

Eigentümlicherweise erschrickt der Junge vor dem Geist gar nicht. Diese seelische Elastizität ermöglicht es ihm, einen schöpferisch-phantasievollen Ausweg zu finden. Selbstverständlich freuen wir uns, wenn der Geist auf diesen scheinbar billigen Trick des Jungen hereinfällt. Das Bild enthält jedoch auf den zweiten Blick noch einen viel tieferen Sinn. Indem der Geist in die Flasche zurückgeschickt wird, läuft der Prozess rückwärts, gleichsam in Zeitlupe, vor dem Auge des Schülers ab. In aller Ruhe kann er sich ein sachgemäßes Urteil bilden. Wenn der Geist nun erneut um Befreiung bittet, so weiß der Junge, worauf er sich einlässt.

Nun wollte der Schüler zu seinem Vater zurückgehen, aber der Geist rief ganz kläglich: »Ach, lass mich doch heraus, lass mich doch heraus.« »Nein«, antwortete der Schüler, »zum zweiten Male nicht: wer mir einmal nach dem Leben gestrebt hat, den lass ich nicht los, wenn ich ihn wieder eingefangen habe.« »Wenn du mich frei machst«, rief der Geist, »so will ich dir so viel geben, dass du dein Lebtag genug hast.« »Nein«, antwortete der Schüler, »du würdest mich betrügen wie das erste Mal.« »Du verscherzest dein Glück«, sprach der Geist, »ich will dir nichts tun, sondern dich reichlich belohnen.« Der Schüler dachte: »Ich will's wagen, vielleicht hält er Wort, und anhaben soll er mir doch nichts«. Da nahm er den Pfropfen ab, und der Geist stieg wie das vorige Mal heraus, dehnte sich auseinander und ward groß wie ein Riese.

Die zweite Befreiung vollzieht sich unter anderen Vorzeichen, und wiederum ist auf das Wort des Geistes Verlass.

»Nun sollst du deinen Lohn haben«, sprach er und reichte dem Schüler einen kleinen Lappen, ganz wie ein Pflaster, und sagte: »Wenn du mit dem einen Ende eine Wunde bestreichst, so heilt sie; und wenn du mit dem anderen Ende Stahl und Eisen bestreichst, so wird es in Silber verwandelt.« »Das muss ich erst versuchen«, sprach der Schüler, ging an einen Baum, ritzte die Rinde mit seiner Axt und bestrich sie mit dem einen Ende des Pflasters: alsbald schloss sie sich wieder zusammen und war geheilt. »Nun, es hat seine Richtigkeit«, sprach er zum Geist, »jetzt können wir uns trennen.«

Trifft Wissen auf eine moralische Schwäche, so wirkt es zerstörend. Verbindet es sich aber mit moralischer Stärke, so gehen zutiefst heilsame Wirkungen aus dieser Vereinigung hervor. Dies deutet auf die erste Eigenschaft des Pflasters hin. Derjenige, welcher das Wissen um die tieferen Zusammenhänge des Daseins in den Dienst seiner Mitmenschen stellt, wirkt heilend und fördernd. Oft vollzieht sich dies, ohne dass die Umgebung dessen überhaupt gewahr wird. Das Heilsame ist leiser und unauffälliger als das Kranke und Schmerzhafte. Es spielt sich mehr im Verborgenen ab. Um diesen Wert auszudrücken, wählt das Märchen treffender Weise das Silber. Dieses Metall ist dem Mond, als dem Regenten der Nacht, zugeordnet.

Der Geist dankte ihm für seine Erlösung, und der Schüler dankte dem Geist für sein Geschenk und ging zurück zu seinem Vater. »Wo bist du herumgelaufen?« sprach der Vater. »Warum hast du die Arbeit vergessen? Ich habe es ja gleich gesagt, dass du nichts zustande bringen würdest.« »Gebt Euch zufrieden, Vater, ich will's nachholen.« »Ja, nachholen«, sprach der Vater zornig, »das hat keine Art.« »Habt Acht, Vater, den Baum da will ich gleich umhauen, dass er krachen soll.« Da nahm er sein Pflaster, bestrich die Axt damit und tat einen gewaltigen Hieb; aber weil das Eisen in Silber verwandelt war, so legte sich die Schneide um. »Ei, Vater, seht einmal, was habt Ihr mir für eine schlechte Axt gegeben, die ist ganz schief geworden.« Da erschrak der Vater und sprach: »Ach, was hast du gemacht! Nun muss ich die Axt bezahlen und weiß nicht womit; das ist der Nutzen, den ich von deiner Arbeit habe.« »Werde nicht bös«, antwortete der Sohn, »die Axt will ich schon bezahlen.« »O du Dummbart«, rief der Vater, »wovon willst du sie bezahlen? Du hast nichts, als was ich dir gebe, das sind Studentenkniffe, die dir im Kopf stecken, aber vom Holzhacken hast du keinen Verstand.« Über ein Weilchen sprach der Schüler: »Vater, ich kann doch nichts mehr arbeiten, wir wollen lieber Feierabend machen.« »Ei was«, antwortete er, »meinst du, ich wollte die Hände in den Schoß legen wie du? Ich muss noch schaffen, du kannst dich aber heimpacken.« »Vater, ich bin zum ersten Mal hier in dem Wald, ich weiß den Weg nicht allein, geh doch mit mir.«

Weil sich der Zorn gelegt hatte, so ließ der Vater sich endlich bereden und ging mit ihm heim.

Der Junge kehrt zum Vater zurück. Dieser beurteilt das späte Kommen aus seiner Sicht. Im Leben des Holzhackers, welches durch Notwendigkeiten bestimmt ist, haben Dinge, die nicht zu einem praktischen Ziel führen, keinen Platz. Wieder prallen beide Denkqualitäten aufeinander. Um es noch zu pointieren, handelt der Sohn nun absichtlich so, wie es einem verwöhnten Studenten entspräche, der seine Kräfte überschätzt: er will die Arbeit kopflos nachholen, macht die Axt kaputt, will sie selber bezahlen, dann möchte er frühzeitig Feierabend machen und wünscht sich, vom Vater nach Hause gebracht zu werden.

Da sprach er zum Sohn: »Geh und verkauf die verschändete Axt und sieh zu, was du dafür kriegst; das Übrige muss ich verdienen, um sie dem Nachbar zu bezahlen.« Der Sohn nahm die Axt und trug sie in die Stadt zu einem Goldschmied, der probierte sie, legte sie auf die Waage und sprach: »Sie ist vierhundert Taler wert, so viel habe ich nicht bar.« Der Schüler sprach: »Gebt mir, was Ihr habt, das Übrige will ich Euch borgen.« Der Goldschmied gab ihm dreihundert Taler und blieb einhundert schuldig. Darauf ging der Schüler heim und sprach: »Vater, ich habe Geld, geht und fragt, was der Nachbar für die Axt haben will.« »Das weiß ich schon«, antwortete der Alte, »einen Taler, sechs Groschen.« »So gebt ihm zwei Taler, zwölf Groschen, das ist das Doppelte und ist genug; seht Ihr, ich habe Geld im Überfluss«, und gab dem Vater einhundert Taler und sprach: »Es soll Euch niemals fehlen, lebt nach Eurer Bequemlichkeit.« »Mein Gott«, sprach der Alte, »wie bist du zu dem Reichtum gekommen?« Da erzählte er ihm, wie alles zugegangen wäre und wie er im Vertrauen auf sein Glück einen so reichen Fang getan hätte.

Eigentlich könnte sich der Sohn nun als gemachter Mann zur Ruhe setzen. Dann aber würde man das Bild äußerlich betrachten.

Geist und Seele des Menschen wollen immer regsam sein und sich nie zur Ruhe setzen. Je weiter sich der Mensch entwickelt, umso mehr drängt es ihn weiterzuschreiten. Daher ist es verständlich, dass der Junge die Schule des Lebens gar nicht verlassen will.

> *Mit dem übrigen Geld aber zog er wieder hin auf die hohe Schule und lernte weiter, und weil er mit seinem Pflaster alle Wunden heilen konnte, ward er der berühmteste Doktor auf der ganzen Welt.*

Verdichtung

Wir alle durchlaufen die Schule des Lebens. Je mehr wir jedoch ihre Lektionen entdecken und an ihnen üben, desto tiefer dringen wir in das Verständnis der Welt ein. Eine moralische Entwicklung des Menschen ist die notwendige Grundlage, aus der erst tieferes Wissen zum Wohle der Umgebung erwachsen kann. Trägt sie nicht und wird Wissen in egoistischer Weise ausgenutzt, so sind die Wirkungen verheerend. Heilsam wird ein Wissen dann, wenn der Mensch es mit einem tieferen Weltverständnis verbindet.

Die Bremer Stadtmusikanten

Die vier berühmten Tiere dieses Märchens bilden wohl das eigentümlichste Quartett der Welt: ein Esel, ein Hund, eine Katze und ein Hahn. Ebenso ungewöhnlich ist auch die musikalische Aufstellung, mit der sie aus der Mitte des Märchens herausragen: Alle vier Tiere stehen aufeinander. Was bedeutet dieses Bild? *Es zeigt den Menschen selbst.* Die vier Tiergestalten charakterisieren auf eindrückliche Weise die vier Wesensglieder des Menschen. Während nur der physische Leib sichtbar ist, entziehen sich die drei übrigen Wesensglieder den äußeren Sinnen. Schauen wir, welch tiefe Bedeutung aus diesen Tiergestalten spricht.

> *Es hatte ein Mann einen Esel, der schon lange Jahre die Säcke unverdrossen zur Mühle getragen hatte, dessen Kräfte aber nun zu Ende gingen, so dass er zur Arbeit immer untauglicher ward. Da dachte der Herr daran, ihn aus dem Futter zu schaffen, aber der Esel merkte, dass kein guter Wind wehte, lief fort und machte sich auf den Weg nach Bremen: dort, meinte er, könnte er ja Stadtmusikant werden.*

Der Esel vereinigt ganz verschiedene Eigenschaften. Man verwendete ihn früher zum Beispiel gerne für das Betreiben von Ziehbrunnen. Er konnte stundenlang im Kreis herumtrotten. Seine »Eselsgeduld« ist sprichwörtlich. Ebenso bekannt ist er jedoch auch für seine störrische Natur. Was er nicht will, das macht er einfach nicht. Esel sind sehr zäh und genügsam und brauchten wenig Nahrung. Früher wurden sie oft nur mit dem Geringsten gefüttert, was vorhanden war. Neben Gras und Heu waren dies Kleie und klein gehacktes Stroh. Im Notfall fressen sie sogar Dornen und Disteln. In Mitteleuropa war der Esel stark mit dem Müllergewerbe verbunden. Seine übliche Last lag bei drei Zentnern.

Geduldig, zäh, belastbar, störrisch, genügsam. Schauen wir auf den Menschen, so entdecken wir darin die Eigenschaften des Körpers. Wie ein Esel trägt er geduldig Tag um Tag unser ICH durchs Leben. Man überlege sich, welche Belastungen wir ihm zuweilen auferlegen: harte körperliche Arbeit, übertriebener Sport, Bewegungsmangel, Fastfood, Alkohol, Nikotin, zu wenig oder unrhythmischer Schlaf. Geduldig erträgt unser Körper die Mühsal, die wir ihm zumuten. Hört man Geschichten von Kriegsgefangenen, so kann man es gar nicht fassen, unter welchen Bedingungen Menschen oft lange überleben. Eine kaum zu glaubende Zähigkeit und Genügsamkeit zeichnet unseren Körper aus. Aber genauso störrisch kann er reagieren, wenn man seine Gewohnheiten ändern möchte. *Mit dem Esel wird der physische Leib des Menschen symbolisiert*.

Als er ein Weilchen fortgegangen war, fand er einen Jagdhund auf dem Wege liegen, der jappte wie einer, der sich müde gelaufen hat. »Nun, was jappst du so, Packan?« fragte der Esel. »Ach«, sagte der Hund, »weil ich alt bin und jeden Tag schwächer werde, auch auf der Jagd nicht mehr fort kann, hat mich mein Herr wollen totschlagen, da hab ich Reißaus genommen; aber womit soll ich nun mein Brot verdienen?« »Weißt du was«, sprach der Esel, »ich gehe nach Bremen und werde dort Stadtmusikant, geh mit und lass dich auch bei der Musik annehmen. Ich spiele die Laute, und du schlägst die Pauken.« Der Hund war's zufrieden, und sie gingen weiter.

Mit der Natur des Hundes charakterisiert das Märchen das zweite Wesensglied des Menschen. Die Bindung von Mensch und Hund kann so eng sein, dass das Tier niemand anderen neben seinem Herrn duldet. Ein Urbild dieser Beziehung ist der Schäfer mit seinem treuen Wächter. Als Rudeltier ist der Hund an Rangordnungen gebunden. Er reagiert auf kleinste Gesten und Anweisungen und ordnet sich seinem Herrn bedingungslos unter. Gegebenenfalls verteidigt er ihn sogar unter Einsatz seines Lebens. Auf diesen Gedanken kämen Esel, Katze und Hahn wohl kaum.

Im Charakter des Hundes lassen sich daher zwei Richtungen unterscheiden: dem Herrchen gegenüber *dienend* und gehorchend (nach oben) – seinem Umkreis gegenüber *schützend und bewahrend* (nach unten).

Um zu erkennen, wo diese Qualitäten im Menschen zu finden sind, wollen wir folgende Überlegung anstellen: Ist ein Mensch gestorben, so fordern die Gesetze der leblosen Natur ihre Rechte ein. Unmittelbar beginnt der Körper seine organischen Strukturen aufzulösen. Mit dem Tode verlässt den Menschen das *»Leben«*, welches bislang den Zerfall seines Leibes verhinderte. Diesem »Leben« wird heute in der Regel keine eigenständige Realität zugestanden. Die Anthroposophie hat den schönen Begriff des *»Lebensleibes«* geprägt. Wie mit einem zweiten Körper wird der physische Leib vom Leben durchzogen. Man könnte auch die abstrakteren Begriffe »Lebenskraft« oder »Lebensenergie« verwenden.

Die beiden Wesenszüge des Hundes charakterisieren den Lebensleib gleichermaßen: Wie der Hund seinen Herrn beschützt, so bewahrt der Lebensleib den physischen Körper vor dem Zerfall – wie der Hund seinem Herrn dient, so ordnet sich der Lebensleib dem nächst höheren Wesensglied unter. *In dem Märchen symbolisiert der Hund demnach unser zweites Wesensglied.*

> *Es dauerte nicht lange, so saß da eine Katze an dem Weg und machte ein Gesicht wie drei Tage Regenwetter. »Nun, was ist dir in die Quere gekommen, alter Bartputzer?« sprach der Esel. »Wer kann da lustig sein, wenn's einem an den Kragen geht«, antwortete die Katze, »weil ich nun zu Jahren komme, meine Zähne stumpf werden und ich lieber hinter dem Ofen sitze und spinne als nach Mäusen herumjage, hat mich meine Frau ersäufen wollen; ich habe mich zwar noch fortgemacht, aber nun ist guter Rat teuer: wo soll ich hin?« »Geh mit uns nach Bremen, du verstehst dich doch auf die Nachtmusik, da kannst du ein Stadtmusikant werden.« Die Katze hielt das für gut und ging mit.*

In der Katze begegnet uns ein vollkommen anderer Charakter. Sie besitzt ein ganz ungebundenes und unabhängiges Wesen. Darf man sie streicheln, so ist es, als gewähre sie damit eine Gunst. Beim ausgelassenen Spielen kann man jedoch ganz unvermittelt ihre Krallen zu spüren bekommen. Ihr Verhalten ist unberechenbar. Katzen sind von Natur aus Einzelgänger und kommen und gehen, wann sie wollen. Auf der Suche nach Mäusen oder Jungvögeln schleichen sie allein durch die Umgebung. Zähmbar ist eine Katze nur in sehr eingeschränktem Maße – immer bleibt ihre Raubtiernatur gegenwärtig.

Fassen wir ihre Qualitäten zusammen, so ist die Katze unabhängig, ungebunden, unberechenbar und kaum zähmbar. Dies sind Eigenschaften, welche die *Seele* des Menschen beschreiben. Insbesondere unsere Gefühle verweisen auf den Charakter der Katze: launenhaft und unberechenbar sind sie und zeigen ihren Eigenwillen; ungern lassen sie sich zähmen. Eitelkeit und Kratzbürstigkeit sind sowohl der Katze als auch der menschlichen Seele nicht ganz fremd. Dieses dritte Wesensglied ist uns bewusster als das zweite. Um ihm gleichsam auch ein Gewand zu geben, wollen wir es als den *»Seelenleib«* des Menschen bezeichnen.

Darauf kamen die drei Landesflüchtigen an einem Hof vorbei, da saß auf dem Tor der Haushahn und schrie aus Leibeskräften. »Du schreist einem durch Mark und Bein«, sprach der Esel, »was hast du vor?« »Da hab ich gut Wetter prophezeit«, sprach der Hahn, »weil unserer lieben Frauen Tag ist, wo sie dem Christkindlein die Hemdchen gewaschen hat und sie trocknen will; aber weil morgen zum Sonntag Gäste kommen, so hat die Hausfrau doch kein Erbarmen und hat der Köchin gesagt, sie wollte mich morgen in der Suppe essen, und da soll ich mir heut Abend den Kopf abschneiden lassen. Nun schrei ich aus vollem Hals, solang ich noch kann.« »Ei was, du Rotkopf«, sagte der Esel, »zieh lieber mit uns fort, wir gehen nach Bremen, etwas Besseres als den Tod findest du überall; du hast eine gute Stimme, und wenn wir zusammen musizieren, so muss es eine Art haben.« Der Hahn ließ sich den Vorschlag gefallen, und sie gingen alle viere zusammen fort.

Als letztes wird der Hahn mitgenommen. Er symbolisiert das vierte und oberste Wesensglied des Menschen. Mit dem Mineralreich hat der Mensch seinen physischen Leib gemeinsam, mit dem Pflanzenreich den Lebensleib, mit dem Tierreich den Seelenleib und nur das Menschenreich hat ganz allein ein *ICH*. Dies ist das vierte Wesensglied. Wie ein stolzer Gockel steht das ICH obenauf. Am deutlichsten äußert sich der Hahn in seiner Lautgebärde, die alles durchdringt. Er schreit ein lang gezogenes »Kikerikiiiii ...« in die Welt hinaus. Durch sein ICH erhält der Mensch die Kraft sich aufzurichten. Die Wirbelsäule erhebt sich von der Waagerechten zur Senkrechten, wodurch der Kopf der Erdenschwere enthoben wird. Im Aufrichten erwacht der Mensch als Mensch und beim Aufwachen hilft bekanntermaßen der Hahn, da er ja sein Kikeriki schon sehr früh am Morgen ertönen lässt.

Somit steht der ganze Mensch vor uns:

Hahn – ICH
Katze – Seelenleib
Hund – Lebensleib
Esel – physischer Leib

Sehr eigentümlich ist es, mit welcher Idee die vier Tiere nach Bremen aufbrechen. Sie möchten mit Straßenmusik ihr Brot verdienen. Trotz ihrer doch sehr »individuellen Stimmlagen«, wollen sie zusammen Musik machen. Das Musizieren ist ein wunderbares Bild für das harmonische Zusammenwirken der vier Wesensglieder. Sie stehen nicht da wie vier getrennte Gestalten, sondern sie spielen und weben im Menschenwesen in klangvoll-musikalischer Weise ineinander.

Das Märchen beschränkt sich nicht nur darauf, die einzelnen Wesensglieder der Reihe nach zu benennen, sondern die Tiere beschreiten einen Weg. Im Märchen ist dies immer das Symbol für Entwicklung. So wird hier unmerklich der *große Gang der* Menschwerdung beschrieben. Die Tiere marschieren nicht gleichzeitig los, sondern treffen sich nacheinander. Jedes von ihnen ist alt geworden. Was bedeutet dies? Als erstes Wesensglied wurde von den geistigen Wesen der physische Leib des Menschen veranlagt. In Zeiträumen, die man nach Äonen bemessen muss, durchlief der Mensch Zustände, die man mit den Verhältnissen der heutigen Erde nur wenig oder gar nicht vergleichen kann. Erst nachdem die Veranlagung des physischen Leibes zu einem gewissen Abschluss gekommen war, konnte dem Menschen das nächste Wesensglied einverleibt werden. Daher sind die Tiere im Märchen alt geworden. Rudolf Steiner beschreibt in seinem Werk *Geheimwissenschaft im Umriss* diese früheren Erdenverhältnisse näher.

Sie konnten aber die Stadt Bremen in einem Tag nicht erreichen und kamen abends in einen Wald, wo sie übernachten wollten. Der Esel und der Hund legten sich unter einen großen Baum, die Katze und der Hahn machten sich in die Äste, der Hahn aber flog bis in die Spitze, wo es am sichersten für ihn war.

Nachts erreichen die Tiere einen Wald. Während zwei von ihnen sich zum Schlafen auf den Boden legen, suchen sich die beiden anderen ihren Platz viel weiter oben im Baum. Was geschieht mit unseren Wesensgliedern, wenn wir schlafen? Sie trennen sich. Der physische Leib und der Lebensleib (Esel und Hund) bleiben immer beieinander solange der Mensch lebt. Für gewöhnlich legen wir sie des Nachts ins Bett (unter den Baum). Befreit vom Physischen folgen Seelenleib und ICH (Katze und Hahn) nun ihrer geistigen Natur und verbinden sich mit der übersinnlichen Welt. In dieser Trennung liegt der tiefere Grund für die Bewusstlosigkeit, in welche der Mensch während des Schlafes fällt. Ein ICH-Bewusstsein entsteht nur, wenn sich das ICH am physischen Leib spiegeln kann. Dies setzt jedoch ihr Verbundensein voraus.

Ehe er einschlief, sah er sich noch einmal nach allen vier Winden um, da däuchte ihn, er sähe in der Ferne ein Fünkchen brennen, und rief seinen Gesellen zu, es müsste nicht gar weit ein Haus sein, denn es scheine ein Licht. Sprach der Esel: »So müssen wir uns aufmachen und noch hingehen, denn hier ist die Herberge schlecht.« Der Hund meinte, ein paar Knochen und etwas Fleisch dran täten ihm auch gut. Also machten sie sich auf den Weg nach der Gegend, wo das Licht war, und sahen es bald heller schimmern, und es ward immer größer, bis sie vor ein hell erleuchtetes Räuberhaus kamen. Der Esel, als der größte, näherte sich dem Fenster und schaute hinein. »Was siehst du, Grauschimmel?« fragte der Hahn. »Was ich sehe?« antwortete der Esel. »Einen gedeckten Tisch mit schönem Essen und Trinken, und Räuber sitzen daran und lassen's sich wohl sein.« »Das wäre was für uns«, sprach der Hahn. »Ja, ja, ach, wären wir da!« sagte der Esel. Da ratschlagten die Tiere, wie sie es anfangen müssten, um die Räuber hinauszujagen, und fanden endlich ein Mittel. Der Esel musste sich mit den Vorderfüßen auf das Fenster stellen, der Hund auf des Esels Rücken springen, die Katze auf den Hund klettern, und endlich flog der Hahn hinauf und setzte sich der Katze auf den Kopf.

Gibt man von nun an auf den Hahn Acht, so bemerkt man, dass er meist eine ganz besondere Stellung einnimmt. Obwohl er als Letzter zur Gruppe stößt, hat er trotzdem von jetzt an den größten Einfluss. Als dem jüngsten und gewissermaßen auch unvollkommensten Wesensglied, fällt dem ICH in der Zukunft die größte Entwicklungsaufgabe zu.

Der Hahn ist es, der in der Ferne das Licht des Räuberhauses sieht. Bei dem Häuschen angekommen, muss zuerst der Esel durch das Fenster schauen. Aus den bisherigen Überlegungen ist der Grund dafür offensichtlich. Unser Körper ist das einzige Wesenglied von den vieren, welches Wahrnehmungsorgane für die Sinneswelt hat. Der Hahn lässt sich sogleich berichten und bereitet mit seinem Kommentar den Überfall vor. Er sagt: *»Das wär was für uns.«* Während der

Esel das Fundament bildet und Hund und Katze den Rücken erklimmen, fliegt der Hahn leicht und behände der Katze oben auf den Kopf. Das ICH des Menschen nimmt die Position des Dirigenten ein.

Wie das geschehen war, fingen sie auf ein Zeichen insgesamt an, ihre Musik zu machen: der Esel schrie, der Hund bellte, die Katze miaute, und der Hahn krähte; dann stürzten sie durch das Fenster in die Stube hinein, dass die Scheiben klirrten. Die Räuber fuhren bei dem entsetzlichen Geschrei in die Höhe, meinten nicht anders, als ein Gespenst käme herein, und flohen in größter Furcht in den Wald hinaus. Nun setzten sich die vier Gesellen an den Tisch, nahmen mit dem vorlieb, was übriggeblieben war, und aßen, als wenn sie vier Wochen hungern sollten.

In dem Märchen »Der Teufel mit den drei goldenen Haaren« sind wir schon einmal einem Räuberhaus begegnet. Dort hatte es allerdings eine völlig andere Bedeutung. Das Räuberhaus der Stadtmusikanten muss erstürmt und erobert werden. Das ICH als jüngstes Wesensglied des Menschen soll an Widerständen wachsen. Dafür gibt es in einer »Räuberhöhle« genügend Gelegenheit:

- Üble Gewohnheiten und »stinkende« Faulheiten nisten sich gerne im Lebensleib ein.
- Niedere Begierden wie »Fressen und Saufen« lassen sich bevorzugt im Seelenleib nieder.

Das ICH hat die Aufgabe, bei diesen Wesensgliedern kräftig aufzuräumen. *Die Räuberhöhle, welche es zu erobern gilt, liegt in unserer eigenen Seele.*

Wie die vier Spielleute fertig waren, löschten sie das Licht aus und suchten sich eine Schlafstätte, jeder nach seiner Natur und Bequemlichkeit. Der Esel legte sich auf den Mist, der Hund hinter die Türe, die Katze auf den Herd bei der warmen Asche, und der

Hahn setzte sich auf den Hahnenbalken; und weil sie müde waren von ihrem langen Weg, schliefen sie auch bald ein.

Selbst die Orte, an denen sich die Tiere ihren Schlafplatz suchen, sind charakteristisch. Der Esel legt sich nicht in sauberes Stroh, sondern auf den Mist. Was der Körper zum Leben nicht mehr braucht, wird ausgeschieden. Der Mist ist daher das Physischste. Hinter der Türe liegt der Hund. Dem Lebensleib obliegt die Rolle des Wächters und Hüters. Die Katze hingegen sucht sich ihren Platz auf dem warmen Ofen. Unser Seelenleib mag es am allerliebsten behaglich. Und der Hahn begibt sich gar nicht erst in die Waagerechte, sondern setzt sich zum Schlafen auf den Hahnenbalken. Die Tiefschlafphasen eines Hahnes sind sehr kurz. Das ICH ist zur Aufmerksamkeit berufen.

Als Mitternacht vorbei war und die Räuber von weitem sahen, dass kein Licht mehr im Haus brannte, auch alles ruhig schien, sprach der Hauptmann: »Wir hätten uns doch nicht sollen ins Bockshorn jagen lassen«, und hieß einen hingehen und das Haus untersuchen. Der Abgeschickte fand alles still, ging in die Küche, ein Licht anzuzünden, und weil er die glühenden, feurigen Augen der Katze für lebendige Kohlen ansah, hielt er ein Schwefelhölzchen daran, dass es Feuer fangen sollte. Aber die Katze verstand keinen Spaß, sprang ihm ins Gesicht, spie und kratzte. Da erschrak er gewaltig, lief und wollte zur Hintertüre hinaus, aber der Hund, der da lag, sprang auf und biss ihn ins Bein; und als er über den Hof an dem Miste vorbei rannte, gab ihm der Esel noch einen tüchtigen Schlag mit dem Hinterfuß; der Hahn aber, der vom Lärmen aus dem Schlaf geweckt und munter geworden war, rief vom Balken herab: »Kikeriki!« Da lief der Räuber, was er konnte, zu seinem Hauptmann zurück und sprach: »Ach, in dem Haus sitzt eine gräuliche Hexe, die hat mich angehaucht und mit ihren langen Fingern mir das Gesicht zerkratzt; und vor der Türe steht ein Mann mit einem Messer, der hat mich ins Bein gestochen; und auf dem Hof liegt ein schwarzes Ungetüm, das hat mit einer Holzkeule auf mich losgeschlagen; und oben auf dem Da-

che, da sitzt der Richter, der rief: ›Bringt mir den Schelm her‹. Da machte ich, dass ich fortkam.« Von nun an getrauten sich die Räuber nicht weiter in das Haus, den vier Bremer Musikanten gefiel's aber so wohl darin, dass sie nicht wieder heraus wollten. Und der das zuletzt erzählt hat, dem ist der Mund noch warm.

Die Wendung am Ende des Märchens ist ebenfalls bedeutsam. Der Mensch muss wissen, dass all das »üble, schlechte Gesindel«, nachdem es erfolgreich vertrieben wurde, versuchen wird zurückzukommen, um das Haus wieder in Besitz zu nehmen. Damit sind die schlechten Gewohnheiten und wüsten Leidenschaften gemeint. Sie kommen, wenn wir in allzu großer Selbstzufriedenheit schlafen. Zuerst will der Räuber bezeichnender Weise die Glut entfachen (Begierde), dafür wendet er sich an die Katze (Seelenleib). Ihre Augen hält er für glühende Kohlen, die er aber nicht zu entzünden vermag.

Das Märchen verweist damit auf eine Menschheitszukunft: Es wird eine Zeit kommen, in welcher der Mensch aus seinem ICH heraus die anderen Wesensglieder so weit umgearbeitet haben wird, dass die »Räuber« schließlich nicht wiederkommen werden. Dies ist aber für viele Bereiche noch die »Zukunftsmusik der Bremer Stadtmusikanten«.

Verdichtung

In den vier Tiergestalten werden uns die vier Wesensglieder des Menschen vor Augen geführt. Auf musikalische Art wirken sie im Menschen zusammen. Die Musikanten kommen aber gar nicht bis nach Bremen, sondern überfallen ein Räuberhaus, in dem sie sich anschließend niederlassen. Wenn der Mensch sich unbefangen beobachtet, dann entdeckt er auch in sich ein solches Räuberhaus, wo sich zahlreiche Bequemlichkeiten und vielseitige Leidenschaften häuslich eingerichtet haben. Die vier Bremer Stadtmusikanten stürzen sich auf die Räuber mit Gebrüll. Sicher kann der Mensch seinen »Halunken« aber auch etwas besonnener zu Leibe rücken.

Jorinde und Joringel

Es war einmal ein altes Schloss mitten in einem großen dicken Wald, darinnen wohnte eine alte Frau ganz allein, das war eine Erzzauberin. Am Tage machte sie sich zur Katze oder zur Nachteule, des Abends aber wurde sie wieder ordentlich wie ein Mensch gestaltet. Sie konnte das Wild und die Vögel herbeilocken, und dann schlachtete sie, kochte und briet es. Wenn jemand auf hundert Schritte dem Schloss nahe kam, so musste er stillestehen und konnte sich nicht von der Stelle bewegen, bis sie ihn lossprach; wenn aber eine keusche Jungfrau in diesen Kreis kam, so verwandelte sie dieselbe in einen Vogel und sperrte sie dann in einen Korb ein und trug den Korb in eine Kammer des Schlosses. Sie hatte wohl siebentausend solcher Körbe mit so raren Vögeln im Schlosse.

Die Erzzauberin, welche alle Eigenschaften einer Hexe trägt, wird zu Beginn des Märchens ungewöhnlich ausführlich beschrieben. Sie wohnt nicht in einem Häuschen aus Kuchen und Zucker wie bei »Hänsel und Gretel«, sondern in einem alten Schloss. Früher standen Schlösser und Burgen als Machtzentren zumeist weit sichtbar auf Hügeln oder Anhöhen. Ganz anders ist es bei diesem Schloss. Es steht mitten in einem großen dicken Wald, wo es vom Grün der Bäume verdeckt wird. Als ein Machtzentrum wirkt es aus dem Verborgenen, und die Unsichtbarkeit steigert diese Macht noch. Die Herrin des Schlosses ist eine Hexe. Diese Märchengestalt zieht ihre Zauberkraft aus den Ängsten des Menschen. Die starken Mauern ihrer Festung bilden einen Ort tiefer Verunsicherung, der ausschließlich von der Magie der Angst gespeist wird (»die Qualität der Hexe«).

Das Schloss ist von einem Zauberbann umgeben, welcher in einem Umkreis von hundert Schritten wirkt. Auch bei »Dornröschen« taucht diese Zahl auf. Dort war von einem Schlaf die Rede, der hundert Jahre währte. Dies ist die Dauer, nach der ein geistiger Impuls, wenn er nicht neu belebt wird, versiegen muss. Unser Märchen hat die Zeit in den Raum gelegt und insofern begrenzen die einhundert Schritte die Macht dieser Hexe.

Die Hexe nimmt am Tage die Gestalt zweier Tiere an, die sich beide durch die Lautlosigkeit ihrer Bewegungen und durch ein außerordentliches Sehvermögen in der Nacht auszeichnen. Es ist auffallend, dass die Hexe dann besonders scharf sieht, wenn der Mensch schläft. Am Tag wiederum ist sie sehr kurzsichtig. Der eine ist jeweils »blind« für die Sphäre des anderen. Dies ist der Grund, weshalb Ängste auf den Menschen so ungemein stark wirken können: unbemerkt nisten sie sich in seinem Unbewussten ein.

Die Beschreibung der Hexe gipfelt schließlich in einer letzten Eigentümlichkeit: Sie unterwirft die keuschen Jungfrauen einer ganz besonderen Behandlung. In Nachtigallen verwandelt müssen sie in ihrer unmittelbaren Umgebung bleiben. Was macht aber eine keusche Jungfrau für die Hexe so wertvoll? Sie symbolisiert das weibliche Prinzip in Reinkultur aber zugleich auch das Reich unseres Unbewussten. So wie eine Jungfrau vom Mann noch unberührt ist, sind unsere unbewussten Seelengebiete von den Bewusstseinskräften (männliches Prinzip) noch nie durchdrungen worden. Dies macht die »jungfräulichen Seelengebiete« für die Hexe, bzw. die Angst, so wertvoll. Mit der Verwandlung in Nachtigallen werden die Jungfrauen schließlich noch stärker an die nächtlich-dunkle Natur der Hexe gebunden.

Nun war einmal eine Jungfrau, die hieß Jorinde; sie war schöner als alle anderen Mädchen. Die und dann ein gar schöner Jüngling namens Joringel hatten sich zusammen versprochen. Sie waren in den Brauttagen, und sie hatten ihr größtes Vergnügen eins am andern. Damit sie nun einstmalen vertraut zusammen reden könnten, gingen sie in den Wald spazieren.

Schon durch ihren Namen lassen *Jorin*de und *Jorin*gel erkennen, dass sie auf das Engste miteinander verwoben sind. Sie symbolisieren jene große Polarität, welche unser Seelenleben in so starker Weise bestimmt: das Bewusste (Joringel) und das Unbewusste (Jorinde). Mit dem Gespräch der beiden ist das wahrscheinlich größte Abenteuer des Menschseins überhaupt verbildlicht: Es besteht in dem Streben nach *Selbsterkenntnis*.

Im alten Griechenland hieß ein Mysterienspruch: »Erkenne dich selbst!« Viele Stärken und Talente, aber gerade auch Schwächen und Unfähigkeiten liegen unter der Schwelle unseres Bewusstseins verborgen. Dort verbleiben sie jedoch nicht in Unwirksamkeit, sondern sind im Gegenteil mit ganz elementaren Lebenskräften regsam. Kommen sie an die Oberfläche, so schlagen sie häufig machtvolle Wellen, die unsere Seele ins Schwanken bringen. Wirkliche Selbsterkenntnis erringt man kaum am Abend mit einem Glas Rotwein vor dem prasselnden Herdfeuer. Rudolf Steiner beschreibt den Weg des Mystikers in folgender Weise:

»Was uns die Mystiker erzählen, ist wahr. Hören wir, was sie berichten: Dieses Hinuntersteigen [ins Innere des Menschen] ist verknüpft mit dem, was wir Anfechtungen, Versuchungen nennen, Aufwachen selbstsüchtiger Triebe. Lesen Sie die Beschreibungen dessen, was die Seele an niederen Instinkten zu entfalten fähig ist. Wir müssen durch eine ganze Schicht hindurch von Leidenschaften, Begierden, selbstsüchtigen Regungen, deren wir uns kaum noch für fähig hielten. Das alles muss überwunden werden, wenn wir in die tiefen Schichten unseres eigenen Wesens hinunterdringen wollen. Dass unser Blick von unserem eigenen Inneren zunächst abgelenkt wird, ist weise eingerichtet, denn der Mensch ist nicht reif, bewusst in sein eigenes Inneres hinunterzusteigen. Bekämpfen muss er alles das, was sich in ihm aufbäumt, wenn er den Weg der Überwindung des eigenen Egoismus beschritten hat. Dann erst findet er den wahren Menschen, der im kleinsten Raum, im Ich-Punkt, zusammengezogen ist. Da erst sind wir ganz in uns selber, erkennen uns in Gut und Böse, sehen, was der Mensch wirklich ist, wenn er sich jenseits der Schicht befindet, die aus seinen Instinkten und Begierden gebildet ist, und wenn er alledem entwachsen ist, was ihm durch Erziehung und Konvention anerzogen worden ist. Durch diese Schicht müssen wir hindurch, wenn wir in unser Inneres dringen wollen.« *(Rudolf Steiner: Das Hinuntersteigen der Mystiker GA 125, Kopenhagen, 2. Juni 1910)*

Obwohl in dem Wort »Selbsterkenntnis« das Erkennen steckt, ist das Denken dabei zunächst sekundär. Ein Mensch kann stundenlang über seine ihm unbekannten Seiten nachsinnen und braucht mit der Selbsterkenntnis dennoch keinen Schritt voranzukommen. Etwas anderes muss hinzutreten. Im Denken leben wir vorwiegend in der Qualität des Joringel (männliches Prinzip). Er macht in dem Märchen seinen Waldspaziergang jedoch nicht allein. Was für Joringel das *Denken* bedeutet, ist für Jorinde das *Handeln*, welches dem weiblichen Prinzip entspricht und aller Selbsterkenntnis vorangehen muss. Dies zeigt sich auf zweierlei Wegen: Zum einen kann der Mensch versuchen, Selbsterkenntnis in planvoller Weise zu erringen. Nehmen wir an, jemand würde behaupten, er könnte eine Woche lang vollständig auf Süßes (oder etwas anderes …) verzichten, so hat diese Aussage, da sie auf der Ebene des Denkens bleibt, nicht den geringsten Selbsterkenntniswert. Den bekommt sie jedoch unmittelbar, wenn das Gedachte *getan* wird. Hier *handeln wir aktiv* in der Welt. Die andere Möglichkeit besteht darin, dass *die Welt an uns handelt.* Das bezeichnen wir als Schicksal. Dieses widerfährt uns und kann in der Folge zur Selbsterkenntnis führen. Schon das Wort »*Nach*-denken« besagt, dass etwas Anderes vorausgegangen sein muss. Nur wenn menschliches Handeln und menschliches Denken zusammenkommen, wird Selbsterkenntnis also möglich. Dies symbolisiert das Märchen mit dem Bild jenes vertrauten Gespräches zwischen Jorinde und Joringel im Wald. Es bleibt jedoch unvorhersehbar, was *der handelnde Mensch* in uns zutage fördert. Daher ist die Gefahr vorhanden, dass wir dem durchaus nicht immer gewachsen sind.

Jorinde und Joringel werden aber nicht ungewollt in den Wald hineingeführt, wie dies bei »Hänsel und Gretel« der Fall ist. Im Gegenteil, die beiden suchen diesen Ort mit Absicht auf. Joringel weiß von den Gefahren des Schlosses. Das Märchen beschreibt hier den Menschen, der sich mit voller Bewusstheit der Selbsterkenntnis stellt.

Es war ein schöner Abend, die Sonne schien zwischen den Stämmen der Bäume hell ins dunkle Grün des Waldes, und die Turteltaube sang kläglich auf den alten Maibuchen. Jorinde weinte zuweilen, setzte sich hin im Sonnenschein und klagte; Joringel klagte auch. Sie waren so bestürzt, als wenn sie hätten sterben sollen; sie sahen sich um, waren irre und wussten nicht, wohin sie nach Hause gehen sollten. Noch halb stand die Sonne über dem Berg, und halb ward sie unter. Joringel sah durchs Gebüsch und sah die alte Mauer des Schlosses nahe bei sich; er erschrak und wurde todbang.

Dies ist ein überraschender Augenblick im Märchen. Ohne Übergang vollzieht sich ein Bruch, sodass man für den Moment sogar glauben mag, sich verhört zu haben. Urplötzlich ist eine ganz veränderte Stimmung vorhanden. Da ist von Weinen, Bestürzung und sogar Todesnähe die Rede. Was ist geschehen? Jenes Unvorhersehbare ist eingetreten. Die Selbsterkenntnis hat etwas zutage gefördert, was das Gleichgewicht der Seele auf extreme Weise schwanken lässt.

Jorinde sang: »Mein Vöglein mit dem Ringlein rot sing Leide, Leide, Leide: es singt dem Täubelein seinen Tod, singt Leide, Lei – zicküth, zicküth, zicküth.« Joringel sah nach Jorinde. Jorinde war in eine Nachtigall verwandelt, die sang zicküth, zicküth. Eine Nachteule mit glühenden Augen flog dreimal um sie herum und schrie dreimal schu, hu, hu, hu. Joringel konnte sich nicht regen: er stand da wie ein Stein, konnte nicht weinen, nicht reden, nicht Hand noch Fuß regen. Nun war die Sonne unter; die Eule flog in einen Strauch, und gleich darauf kam eine alte krumme Frau aus diesem hervor, gelb und mager: große rote Augen, krumme Nase, die mit der Spitze ans Kinn reichte. Sie murmelte, fing die Nachti-

gall und trug sie auf der Hand fort. Joringel konnte nichts sagen, nicht von der Stelle kommen; die Nachtigall war fort. Endlich kam das Weib wieder und sagte mit dumpfer Stimme: »Grüß dich, Zachiel, wenn's Möndel ins Körbel scheint, bind los, Zachiel, zu guter Stund.« Da wurde Joringel los. Er fiel vor dem Weib auf die Knie und bat, sie möchte ihm seine Jorinde wiedergeben, aber sie sagte, er sollte sie nie wiederhaben, und ging fort. Er rief, er weinte, er jammerte, aber alles umsonst. »Uu, was soll mir geschehen?« Joringel ging fort und kam endlich in ein fremdes Dorf; da hütete er die Schafe lange Zeit. Oft ging er rund um das Schloss herum, aber nicht zu nahe dabei.

Im ersten Augenblick sind Jorinde und Joringel gleichermaßen erstarrt und können sich nicht rühren. Während Jorinde zur Nachtigall wird, kommt Joringel jedoch wieder frei. Gerät der Mensch plötzlich aus seinem Seelengleichgewicht, befindet er sich in einer ganz ähnlichen Situation. Innerlich erstarrt, setzt nach dem ersten Schreck zuerst das Denken (Joringel) wieder ein. Sofort versucht Joringel nun auch Jorindes Freiheit zu erbitten. Aber auf diese Art bekommt er sie nicht wieder. Ebenso wenig erlangt ein Mensch sein Seelengleichgewicht zurück, indem er dafür Vernunftgründe ins Feld führt. Worin besteht die Lösung? *Joringel begibt sich in ein fremdes Dorf.* Im ersten Schritt wird Abstand gesucht. *Da hütete er Schafe lange Zeit.* Das Märchen charakterisiert eine Haltung, welche die Lösung befördert: Sie ist geprägt durch Ruhe und Besonnenheit, aber auch durch strenge Beharrlichkeit. *Oft ging er rund um das Schloss herum.* Behutsam dürfen die Gedanken um das Zentrum kreisen, ohne allerdings in dessen Bann zu geraten. Joringel hütet die Schafe eine *»lange Zeit«*. Obgleich es ein Zustand der Trennung und des Leidens ist, weicht die betroffene Menschenseele dieser Dauer nicht aus.

Endlich träumte er einmal des Nachts, er fände eine blutrote Blume, in deren Mitte eine schöne große Perle war. Die Blume brach er ab, ging damit zum Schlosse: alles, was er mit der Blume berührte, ward von der Zauberei frei; auch träumte er, er hätte seine Jorinde dadurch wiederbekommen. Des Morgens, als er erwachte, fing er an, durch Berg und Tal zu suchen, ob er eine solche Blume fände; er suchte bis an den neunten Tag, da fand er die blutrote Blume am Morgen früh. In der Mitte war ein großer Tautopfen, so groß wie die schönste Perle. Diese Blume trug er Tag und Nacht bis zum Schloss.

Da die Nacht diesen Traum schickt, deutet sich die Lösung genau genommen aus der Sphäre der Hexe an. Drei verdichtete Qualitäten treffen dabei zusammen. Während die Blume auf die Gefühlsebene verweist, steht die blutrote Farbe für die ICH-Kraft des Menschen (»die Qualität des Blutes«). Der Tautopfen fügt hingegen das Element der Vitalität hinzu (Wasser). Auf diesem Hintergrund symbolisiert die geheimnisvolle Blume eine *neu errungene ICH-Stärke* des Menschen, welche, *vom Gefühl befeuert* und *vom Leben durchpulst*, viel mächtiger ist als die Zauberkraft der Hexe. Sie wächst aus dem Boden unserer beharrlichen Arbeit an unserem eigenen Selbst. Neun volle Tage dauert die Suche nach der Blume. Neun ist die Potenzierung der Drei, die immer auftaucht, wenn sich Entwicklung vollzieht (»die Qualität der Drei«).

Wie er auf hundert Schritt nahe bis zum Schloss kam, da ward er nicht fest, sondern ging fort bis ans Tor. Joringel freute sich hoch, berührte die Pforte mit der Blume, und sie sprang auf. Er ging hinein, durch den Hof, horchte, wo er die vielen Vögel vernähme; endlich hörte er's. Er ging und fand den Saal, darauf war die Zauberin und fütterte die Vögel in den siebentausend Körben. Wie sie den Joringel sah, ward sie bös, sehr bös, schalt, spie Gift und Galle gegen ihn aus, aber sie konnte auf zwei Schritte nicht an ihn kommen. Er kehrte sich nicht an sie und ging, besah die Körbe mit den Vögeln; da waren aber viele hundert Nachtigallen, wie sollte er nun seine Jorinde wiederfinden? Indem er so zusah, merkte er, dass die Alte heimlich ein Körbchen mit einem Vogel wegnahm und damit nach der Türe ging. Flugs sprang er hinzu, berührte das Körbchen mit der Blume und auch das alte Weib; nun konnte sie nichts mehr zaubern, und Jorinde stand da, hatte ihn um den Hals gefasst, so schön, wie sie ehemals war. Da machte er auch alle die anderen Vögel wieder zu Jungfrauen, und da ging er mit seiner Jorinde nach Hause, und sie lebten lange vergnügt zusammen.

Gleich dieser Blume erwächst in der Seele aus der beharrlichen Überwindung ihrer Schwächen eine neue Kraft. Selbsterkenntnis geht dadurch über in die Vervollkommnung des eigenen Selbst. Die ursprünglich so zauberkräftige Hexe verliert damit ihre ganze Macht und wird schlicht zu einer harmlosen, alten Frau.

Verdichtung

Bei diesem Märchen geht es um Selbsterkenntnis. Es zeigt uns, wie wir uns wirksamer in die Welt stellen können. So wie Jorinde und Joringel einerseits unsere unbewussten und bewussten Seelenkräfte symbolisieren, beschreiben diese Gestalten uns zugleich als handelnden (Jorinde) und denkenden (Joringel) Menschen. Suchen wir die Selbsterkenntnis bewusst, so kann unser Seelengleichgewicht ins Wanken geraten. Um es wieder zu erlangen, müssen wir uns in die Haltung begeben, die im Märchen Joringel einnimmt, wenn er Schafhirte wird. Eines Nachts träumt er von einer roten Blume. Dies ist das Bild der neu errungenen ICH-Kraft des Menschen.

Rapunzel

Es war einmal ein Mann und eine Frau, die wünschten sich schon lange vergeblich ein Kind, endlich machte sich die Frau Hoffnung, der liebe Gott werde ihren Wunsch erfüllen.

Häufig nehmen Märchen ihren Anfang mit einem Elternpaar, das sich nichts sehnlicher wünscht als ein Kind. Dieses Bild drückt eine tiefe Wahrheit der menschlichen Seele aus. Die Menschheit ist nicht ein Abgeschlossen–Fertiges, sondern entwickelt sich als Geistwesen von Stufe zu Stufe. Mit dem ersehnten Kind symbolisiert das Märchen einen neuen Keim menschlicher Entwicklung. In Rapunzel offenbart sich seine höhere Natur. Sie muss jedoch zunächst befreit werden. Dabei stellen sich ihr diejenigen Seelenkräfte entgegen, welche mit der Hexe, dem Vater und der Mutter symbolisiert sind. Erst der Königssohn wird jedoch in der Lage sein, Rapunzel ihrer wirklichen Bestimmung zuzuführen.

Die Leute hatten in ihrem Hinterhaus ein kleines Fenster, daraus konnte man in einen prächtigen Garten sehen, der voll der schönsten Blumen und Kräuter stand; er war aber von einer hohen Mauer umgeben, und niemand wagte hineinzugehen, weil er einer Zauberin gehörte, die große Macht hatte und von aller Welt gefürchtet ward. Eines Tags stand die Frau an diesem Fenster und sah in den Garten hinab, da erblickte sie ein Beet, das mit den schönsten Rapunzeln bepflanzt war; und sie sahen so frisch und grün aus, dass sie lüstern ward und das größte Verlangen empfand, von den Rapunzeln zu essen. Das Verlangen nahm jeden Tag zu, und da sie wusste, dass sie keine davon bekommen konnte, so fiel sie ganz ab, sah blass und elend aus. Da erschrak der Mann und fragte: »Was fehlt dir, liebe Frau?« »Ach«, antwortete sie, »wenn ich keine Rapunzeln aus dem Garten hinter unserm Hause zu essen kriege, so sterbe ich.« Der Mann, der sie lieb hatte, dachte: »Eh du deine Frau sterben lassest, holst du ihr von den Rapunzeln, es mag kosten, was es will.« In der Abenddämmerung stieg er also über die Mauer in den Garten der Zauberin, stach in aller Eile eine Handvoll Rapunzeln und brachte sie seiner Frau. Sie machte sich sogleich Salat daraus und aß sie in voller Begierde auf. Sie hatten ihr aber so gut, so gut geschmeckt, dass sie den andern Tag noch dreimal soviel Lust bekam. Sollte sie Ruhe haben, so musste der Mann noch einmal in den Garten steigen.

Was ist so besonders an einem Feldsalat, dass man meint, sterben zu müssen, wenn man nichts davon zu essen bekommt? Stünde im Garten ein Apfelbaum mit saftigen roten Äpfeln oder ein Beet mit süßen, vollmundigen Erdbeeren, dann könnte man zumindest das überwältigende Verlangen danach verstehen. Es sind aber nur grüne Salatblätter. Außerdem bewirkt ihr Genuss das Gegenteil des erhofften Nutzens, denn jetzt bekommt die Frau erst Recht Lust auf mehr. *Das Märchen beschreibt die Natur der menschlichen Begierde.* Man erlebt sie als ein nagendes Feuer, das so lange brennt, bis sie befriedigt wird. Das Objekt der Begierde ist keineswegs lebensnotwendig, sondern in physischer und geistiger Hinsicht geradezu unwichtig. Weder befördert es unsere Gesundheit noch erschließt sich uns dadurch ein neuer Weltinhalt.

Am besten gedeiht dieser Salat im Garten der Hexe, auf den die Frau von ihrem Fenster den allerbesten Ausblick genießt. Er ist von einer hohen Mauer umgeben. Auch die leidenschaftliche Begierdennatur der Menschen wird von einer Mauer der »Einsichtslosigkeit« umfasst. Ungern beschäftigen wir uns eingehender mit dieser Natur. *Die Hexe symbolisiert jene Macht, welche die höheren Impulse des Menschen an seine niedere Begierdennatur fesseln möchte* (»die Qualität der Hexe«).

Er machte sich also in der Abenddämmerung wieder hinab, als er aber die Mauer herabgeklettert war, erschrak er gewaltig, denn er sah die Zauberin vor sich stehen. »Wie kannst du es wagen«, sprach sie mit zornigem Blick, »in meinen Garten zu steigen und wie ein Dieb mir meine Rapunzeln zu stehlen? Das soll dir schlecht bekommen.« »Ach«, antwortete er, »lasst Gnade für Recht ergehen, ich habe mich nur aus Not dazu entschlossen: meine Frau hat Eure Rapunzeln aus dem Fenster erblickt und empfindet ein so großes Gelüsten, dass sie sterben würde, wenn sie nicht davon zu essen bekäme.« Da ließ die Zauberin in ihrem Zorne nach und sprach zu ihm: »Verhält es sich so, wie du sagst, so will ich dir gestatten, Rapunzeln mitzunehmen, soviel du willst, allein ich mache eine Bedingung: Du musst mir das Kind geben, das deine Frau zur Welt bringen wird. Es soll ihm gut gehen, und ich will für es sorgen wie eine Mutter.« Der Mann sagte in der Angst alles zu, und als die Frau in Wochen kam, so erschien sogleich die Zauberin, gab dem Kinde den Namen Rapunzel und nahm es mit sich fort.

Die Aufgabenverteilung zwischen dem Mann und der Frau ist nicht das Ergebnis eines traditionellen Rollenverständnisses, sondern Spiegelbild der weiblichen und männlichen Aspekte unserer Seele. Während sich der Mensch auf der körperlichen Ebene einseitig als Mann oder Frau entwickeln muss, trägt unsere Seele sowohl das Weibliche als auch das Männliche in sich. *Der Vater, als Vertreter dieses männlichen Prinzips, repräsentiert unsere Bewusstseinskräfte* (»die Qualität des weiblichen und männlichen Prinzips«). Das Denken ist gleichsam die Leiter, mit welcher der Mensch die »Mauer des Gartens« überwindet, die ihn von der Erfüllung seiner Begierden trennt. So kann man bisweilen beobachten, welch atemberaubende Gedankenakrobatik manch einer entwickelt, um die Notwendigkeit seiner Leidenschaften zu rechtfertigen. Dies ist eine Qualität des männlichen Prinzips und daher muss der *Mann* in den Hexengarten. Er begibt sich mit dem Diebstahl jedoch gleichzeitig in Abhängigkeit zur Hexe, und schon beim zweiten Mal wird er erwischt. Es ist ganz offensichtlich, wer von beiden mächtiger ist. Übertragen wir das Bild auf die Seelenebene, so müssen wir sagen, dass auch unser Denken, solange es denselben Zwängen wie Rapunzels Vater unterworfen ist, der Macht der Begierde gänzlich unterliegt.

Das Abhängigkeitsverhältnis der Eltern zur Hexe haftet Rapunzel zunächst wie eine Seelenerbschaft an. Fragt man sich daher, wes Geistes Kind Rapunzel eigentlich ist, so kann man durchaus verstehen, dass nun die Hexe ihre Ansprüche geltend macht.

> *Rapunzel ward das schönste Kind unter der Sonne. Als es zwölf Jahre alt war, schloss es die Zauberin in einen Turm, der in einem Walde lag und weder Treppe noch Türe hatte, nur ganz oben war ein kleines Fensterchen. Wenn die Zauberin hinein wollte, so stellte sie sich unten hin und rief: »Rapunzel, Rapunzel, lass mir dein Haar herunter.« Rapunzel hatte lange prächtige Haare, fein wie gesponnen Gold. Wenn sie nun die Stimme der Zauberin vernahm, so band sie ihre Zöpfe los, wickelte sie oben um einen Fensterhaken, und dann fielen die Haare zwanzig Ellen tief herunter, und die Zauberin stieg daran hinauf.*

Obgleich Rapunzel jene Seelenerbschaft zu tragen hat, ist ihr auf der anderen Seite eine große Zukunft bestimmt. Es heißt, sie sei das schönste Kind unter der Sonne. Schon allein ihre auffallende Schönheit lässt Rapunzels zukünftige Bedeutung erahnen. Zunächst wird sie aber mit zwölf Jahren von der Hexe in einen Turm gesperrt. Rapunzel steht nun kurz vor dem Eintritt in die Erdenreife. *Erst in diesem Alter erwachen im Menschen Triebe, Begierden und Leidenschaften im eigentlichen Sinn. Sie führen ihn aber nicht zur Freiheit, sondern vorerst tiefer in die irdische Abhängigkeit.*

Warum wählt die Hexe für die Gefangenschaft einen Turm? So ein Bauwerk ist ja nicht gerade dazu angetan, jemanden unauffällig zu verstecken. An Küsten standen Leuchttürme, um den Seeleuten Orientierung zu geben. Andererseits überblickte man von ihnen die weite Umgebung. Ein Turm, der mitten in einem Wald steht, wo ihn hohe Bäume umgeben, ist in diesem Sinn eigentlich ganz unzweckmäßig. Die Hexe hätte ihrer Natur nach auch wohl eher ein dunkles

Kellerverlies als Gefängnis gewählt. Man muss jedoch berücksichtigen, dass die Hexe ohne Rapunzel gar nicht denkbar wäre. So kann sie diese zwar gefangen nehmen, aber es muss auf eine Art geschehen, die Rapunzels Wesen entspricht. Daher ist der Turm wiederum doch sehr zweckmäßig. Durch Rapunzel wird er trotz aller Versteckheit gleichsam zu einem Leuchtturm, der dazu bestimmt ist, den Königssohn anzuziehen.

Nach ein paar Jahren trug es sich zu, dass der Sohn des Königs durch den Wald ritt und an dem Turm vorüber kam. Da hörte er einen Gesang, der war so lieblich, dass er stillhielt und horchte. Das war Rapunzel, die in ihrer Einsamkeit sich die Zeit damit vertrieb, ihre süße Stimme erschallen zu lassen. Der Königssohn wollte zu ihr hinaufsteigen und suchte nach einer Türe des Turms, aber es war keine zu finden. Er ritt heim, doch der Gesang hatte ihm so sehr das Herz gerührt, dass er jeden Tag hinaus in den Wald ging und zuhörte. Als er einmal so hinter einem Baum stand, sah er, dass eine Zauberin herankam und hörte, wie sie hinaufrief: »Rapunzel, Rapunzel, lass dein Haar herunter.« Da ließ Rapunzel die Haarflechten herab, und die Zauberin stieg zu ihr hinauf. »Ist das die Leiter, auf welcher man hinaufkommt, so will ich auch einmal mein Glück versuchen.« Und den folgenden Tag, als es anfing, dunkel zu werden, ging er zu dem Turme und rief: »Rapunzel, Rapunzel, lass dein Haar herunter.« Alsbald fielen die Haare herab, und der Königssohn stieg hinauf. Anfangs erschrak Rapunzel gewaltig, als ein Mann zu ihr hereinkam, wie ihre Augen noch nie einen erblickt hatten, doch der Königssohn fing an, ganz freundlich mit ihr zu reden, und erzählte ihr, dass von ihrem Gesang sein Herz so sehr sei bewegt worden, dass es ihm keine Ruhe gelassen und er sie selbst habe sehen müssen. Da verlor Rapunzel ihre Angst, und als er sie fragte, ob sie ihn zum Manne nehmen wollte, und sie sah, dass er jung und schön war, so dachte sie: »Der wird mich lieber haben als die alte Frau Gothel«, und sagte ja und legte ihre Hand in seine Hand. Sie sprach: »Ich will gerne mit dir gehen, aber ich weiß nicht, wie ich herabkommen kann. Wenn du kommst, so bring jedes Mal einen Strang Seide mit, daraus will ich eine Leiter flechten, und wenn die fertig ist, so steige ich herunter, und du nimmst mich auf dein Pferd.« Sie verabredeten, dass er bis dahin alle Abend zu ihr kommen sollte, denn bei Tag kam die Alte.

Mit dem Königssohn taucht in dem Märchen die zweite männliche Gestalt auf. Ähnlich wie der Vater, ist auch der Königssohn ein Symbol des menschlichen Denkens. Allerdings ist seine Befähigung eine ganz andere. Der Vater erlag damals im Garten der Macht der Hexe. Dem Königssohn hingegen stehen stärkere Kräfte zur Verfügung. Er ist dazu bestimmt, in Zukunft über ein ganzes Königreich zu herrschen. *In ihm symbolisiert das Märchen ein Denken, das der Hexe unabhängig und unbefangen gegenübertreten kann.* Es wird sich jedoch als geeignet erweisen müssen, Licht hinter die oben erwähnten Mauern der menschlichen Begierdennatur zu werfen.

Der Königssohn wird von Rapunzels lieblichem Singen angelockt. Dieser Gesang gleicht der inneren Stimme des Menschen. Will der Prinz Rapunzel begegnen, so muss er an ihren Haaren hinaufsteigen. Es heißt, sie wären wie aus Gold gesponnen. Für die Hexe selbst hätte wohl eine Strickleiter ausgereicht. Die edle Haarpracht ist im Grunde ganz für den Königssohn bestimmt und weist erneut auf ein veredeltes Denken hin. Bilden wir dieses unabhängige Denken nicht aus, so fehlt uns schlichtweg die »Leiter«, um unsere höhere Natur (Rapunzel) erreichen zu können. Jetzt, wo die beiden durch die Mauern des Turmes nicht mehr getrennt sind, erkennen sie einander. Die Macht der Hexe gerät damit zum ersten Mal ins Wanken. Aus der Vereinigung von Rapunzel und dem Königssohn ergibt sich der Beginn einer ganz neuen Entwicklung. Übertragen wir das Bild auf die Seelenebene. *Wenn der Mensch die Gefangenschaft seiner höheren Natur gleichsam unbefangen betrachten kann, so hat er damit die erste Hürde zu ihrer Befreiung genommen.* Obwohl es für den Königssohn sicher ein Einfaches gewesen wäre, ein langes Seil für die Flucht zu besorgen, soll nun erst Seidenstrang für Seidenstrang zusammengefügt werden. Zwar hat der Mensch mit dem Durchschauen seiner niederen leidenschaftlichen Natur einen wesentlichen Schritt gemacht, aber im Märchen wird gezeigt, dass viele mühevolle Schritte folgen müssen, bis der Mensch wirklich frei die Impulse seiner höheren Natur verwirklichen kann.

Die Zauberin merkte auch nichts davon, bis einmal Rapunzel anfing und zu ihr sagte: »Sag Sie mir doch, Frau Gothel, wie kommt es nur, Sie wird mir viel schwerer heraufzuziehen als der junge Königssohn, der ist in einem Augenblick bei mir.« »Ach du gottloses Kind«, rief die Zauberin, »was muss ich von dir hören, ich dachte, ich hätte dich von aller Welt geschieden, und du hast mich doch betrogen!« In ihrem Zorne packte sie die schönen Haare der Rapunzel, schlug sie ein paar Mal um ihre linke Hand, griff eine Schere mit der rechten, und ritsch, ratsch waren sie abgeschnitten, und die schönen Flechten lagen auf der Erde. Und sie war so unbarmherzig, dass sie die arme Rapunzel in eine Wüstenei brachte, wo sie in großem Jammer und Elend leben musste.

Das ganze Bild löst sich gleichsam vor unseren Augen auf. Die goldenen Haare verschwinden und der Turm wird gegen eine Wüstenei eingetauscht. Die Situation erscheint trostlos. Sie wäre es auch wirklich, wenn die Begegnung mit dem Königssohn nicht schon stattgefunden hätte. So aber hat etwas begonnen, was trotz all dem Schlimmen, das noch passieren wird, nicht mehr aufzuhalten ist.

Denselben Tag aber, wo sie Rapunzel verstoßen hatte, machte abends die Zauberin die abgeschnittenen Flechten oben am Fensterhaken fest, und als der Königssohn kam und rief: »Rapunzel, Rapunzel, lass dein Haar herunter«, so ließ sie die Haare hinab. Der Königssohn stieg hinauf, aber er fand oben nicht seine liebste Rapunzel, sondern die Zauberin, die ihn mit bösen und giftigen Blicken ansah. »Aha«, rief sie höhnisch, »du willst die Frau Liebste holen, aber der schöne Vogel sitzt nicht mehr im Nest und singt nicht mehr, die Katze hat ihn geholt und wird dir auch noch die Augen auskratzen. Für dich ist Rapunzel verloren, du wirst sie nie wieder erblicken.«

Der Mensch würde seine Begierdennatur gewaltig unterschätzen, wenn er meinte, ihre Beherrschung durch edle Vorsätze erreichen zu können. Unseren niederen Leidenschaften liegen elementare Kräfte zugrunde, die sich nicht mit klugen Überlegungen überlisten lassen. Das Gegenteil ist häufiger der Fall: Wähnen wir uns gegenüber unseren Begierden besonders fortgeschritten, so sind sie oft schon längst ungesehen an uns vorbeigeeilt. In diesem Sinn wird der Königssohn, obwohl er doch mit Rapunzel heimlich entschwinden wollte, von der Hexe erwartet. Sie kann zwar die Verbindung, die zwischen ihm und Rapunzel entstanden ist, nicht mehr rückgängig machen, aber sie ist noch in der Lage, dafür zu sorgen, dass sein weiterer Weg lang und leidvoll wird. Der Königssohn, zum Herrschen geboren, wird Rapunzel aber so lange suchen, bis er sie gefunden hat. Dieselbe »königliche« Kraft trägt auch das ICH des Menschen in sich (»die Qualität des Königs«). Von nun an ist das Schicksal der Hexe besiegelt. Ihre Überwindung wird nicht wie bei Hänsel und Gretel durch einen spektakulären Tod in Szene gesetzt, sondern die Hexe taucht ab jetzt im Märchen einfach nicht mehr auf.

Der Königssohn geriet außer sich vor Schmerz, und in der Verzweiflung sprang er den Turm herab: das Leben brachte er davon, aber die Dornen, in die er fiel, zerstachen ihm die Augen. Da irrte er blind im Walde umher, aß nichts als Wurzeln und Beeren und tat nichts als jammern und weinen über den Verlust seiner liebsten Frau. So wanderte er einige Jahre im Elend umher und geriet endlich in die Wüstenei, wo Rapunzel mit den Zwillingen, die sie geboren hatte, einem Knaben und Mädchen, kümmerlich lebte. Er vernahm eine Stimme, und sie däuchte ihn so bekannt; da ging er darauf zu, und wie er herankam, erkannte ihn Rapunzel und fiel ihm um den Hals und weinte. Zwei von ihren Tränen aber benetzten seine Augen, da wurden sie wieder klar, und er konnte damit sehen wie sonst. Er führte sie in sein Reich, wo er mit Freude empfangen ward, und sie lebten noch lange glücklich und vergnügt.

Der blinde Königssohn muss ein hartes Leben führen. Jahrelang betrauert er seinen Verlust. So wird der Weg desjenigen Menschen beschrieben, der die Fesseln seiner Begierdennatur tatsächlich zu sprengen versucht. Um dies zu erreichen, muss er mit dem »Licht« seines unbefangenen Denkens (Königssohn) die Blindheit seiner niederen Leidenschaften durchdringen. Auch wenn es sehr lange zu dauern scheint, erreicht der Königssohn dieses Ziel schließlich doch. Nun kann er Rapunzel als Königin in das neue Reich führen, in welchem die Zwillinge aufwachsen werden. Mit ihnen deutet das Märchen die nächste Stufe unserer Seelenentwicklung an.

Verdichtung

Als geistig-seelisches Wesen hat sich der Mensch tief mit der materiellen Welt verbunden. Begierden, Triebe und Leidenschaften sind an der menschlichen Seele gleichsam haften geblieben. Mehr oder weniger stark beeinflussen sie unser tägliches Denken, Fühlen und Handeln. Ähnlich wie Rapunzel von der Hexe in den Turm gesperrt wird, kann die niedere Natur des Menschen seine höheren Impulse ersticken. Der Weg des Königssohnes ist der Weg des Menschen, der diese höhere Natur mit Hilfe des unbefangenen Denkens befreien will. Wenn der Mensch das Irdisch-Begierdenhafte zu einer leidenschaftlichen Kraft des Geistes hinaufgearbeitet hat, wird sich ihm ein neues Königreich eröffnen.

Sneewittchen

Es war einmal mitten im Winter, und die Schneeflocken fielen wie Federn vom Himmel herab, da saß eine Königin an einem Fenster, das einen Rahmen von schwarzem Ebenholz hatte, und nähte. Und wie sie so nähte und nach dem Schnee aufblickte, stach sie sich mit der Nadel in den Finger, und es fielen drei Tropfen Blut in den Schnee. Und weil das Rote im weißen Schnee so schön aussah, dachte sie bei sich: »Hätt ich ein Kind so weiß wie der Schnee, so rot wie Blut und schwarz wie das Holz an dem Rahmen.« Bald darauf bekam sie ein Töchterlein, das war so weiß wie Schnee, so rot wie Blut und so schwarzhaarig wie Ebenholz, und ward darum das Sneewittchen (Schneeweißchen) genannt. Und wie das Kind geboren war, starb die Königin.

Gleich am Anfang des Märchens finden wir eine ungemein verdichtete Symbolik. Wir hören von drei roten Blutstropfen, die in den weißen Schnee fallen und von einem schwarzen Ebenholzrahmen. Dieses Sinnbild gleicht einem Stern, unter dem Sneewittchen geboren wird. Betrachten wir zunächst nur die Qualität der Farben.

Weiß (Schnee)	**Rot (Blut)**	**Schwarz (Ebenholz)**
klar		undurchsichtig
strahlend		absorbierend
kalt	warm	heiß
bewusst		unbewusst
geistig	**individuell**	**irdisch**
weise		dumpf
	pulsierend, stark, beweglich	

Wenn man sich für einen Augenblick in diese Farbqualitäten vertieft, so kann man empfinden, wie sich aus der Polarität von Schwarz und Weiß gleichsam ein dreidimensionaler Raum erhebt, in dem das Rot sein Leben entfaltet.

Der weiße Schnee ist Symbol der Weisheit, die aus den übersinnlichen Welten auf den Menschen herabsinkt (»die Qualität der weißen Farbe«). Wichtig ist jedoch, dass diese »Weisheit« von einem Fenster aus betrachtet wird, welches einen schwarzen Ebenholzrahmen hat. Dieses extrem harte Holz symbolisiert die sinnlich-verdichtete Welt. Als drittes Element kommt das Blut hinzu. Es ist der physische Ausdruck des menschlichen ICH (»die Qualität des Blutes«).

Das Anfangsbild, welches Sneewittchen in so tiefer Weise charakterisiert, lässt sich auf der Bewusstseinsebene mit den folgenden Worten beschreiben: Wie das Blut den Schnee durchsetzt, *so muss der Mensch von der irdischen Welt aus* (Ebenholzrahmen) *die Weisheit der geistigen Welt* (Schnee) *mit seinem individuellen ICH* (Blut) *durchdringen.* Mit dieser Aufgabe wird Sneewittchen zum Symbol unserer Menschheitsentwicklung.

Über ein Jahr nahm sich der König eine andere Gemahlin. Es war eine schöne Frau, aber sie war stolz und übermütig und konnte nicht leiden, dass sie an Schönheit von jemand sollte übertroffen werden. Sie hatte einen wunderbaren Spiegel, wenn sie vor den trat und sich darin beschaute, sprach sie: »Spieglein, Spieglein an der Wand, wer ist die Schönste im ganzen Land?« So antwortete der Spiegel: »Frau Königin, Ihr seid die Schönste im Land.« Da war sie zufrieden, denn sie wusste, dass der Spiegel die Wahrheit sagte.
Sneewittchen aber wuchs heran und wurde immer schöner, und als es sieben Jahr alt war, war es so schön wie der klare Tag und schöner als die Königin selbst. Als diese einmal ihren Spiegel fragte: »Spieglein, Spieglein an der Wand, wer ist die Schönste im ganzen Land?«, so antwortete er: »Frau Königin, Ihr seid die Schönste hier, aber Sneewittchen ist tausendmal schöner als Ihr.«

Da erschrak die Königin und ward gelb und grün vor Neid. Von Stund an, wenn sie Sneewittchen erblickte, drehte sich ihr das Herz im Leibe herum, so hasste sie das Mädchen. Und der Neid und Hochmut wuchsen wie ein Unkraut in ihrem Herzen immer höher, dass sie Tag und Nacht keine Ruhe mehr hatte. Da rief sie einen Jäger und sprach: »Bring das Kind hinaus in den Wald, ich will's nicht mehr vor meinen Augen sehn. Du sollst es töten und mir Lunge und Leber zum Wahrzeichen mitbringen.«

Die Stiefmutter erscheint im Märchen immer als eine böse und gemeine Person. Mit diesem unmittelbar emotionalen Eindruck wird uns der Blick auf ihr eigentliches Wesen jedoch verstellt. Ihrer tieferen Natur nach erkennen wir die fehlende Blutsverwandtschaft als ihr entscheidendes Wesensmerkmal. In der Gestalt der Stiefmutter zerbricht die *Einheit des gleichen Blutes* (»die Qualität des Blutes«). Mit ihrem Auftauchen kleidet das Märchen den Moment der Bewusstseinsentwicklung in ein Bild, in welchem die Menschheit ihre ursprüngliche Einheit mit der geistigen Welt verlassen muss. Die Fähigkeit der inneren Freiheit kann der Mensch nur auf der Erde erlangen. Aus diesem Grund muss im Märchen auch Sneewittchen die Geborgenheit des Schlosses verlassen.

Die Stiefmutter ist im Besitz eines ganz besonderen Spiegels. Im Allgemeinen wirft ein solcher die äußerlich-physischen Erscheinungen zurück. Betrachten wir die Seelenebene, so entspricht diesem Spiegel die Fähigkeit der Reflexion. Damit konnte der Mensch ein Selbstbewusstsein entwickeln. Die Stiefmutter fügt dem jedoch etwas Eigenes hinzu: Sie *verliebt* sich in ihr Spiegelbild. Damit senkt sich in den ursprünglich selbstlosen Akt der Reflexion das Element der *Leidenschaft*. Für die Entwicklung der Menschheit hat dies die denkbar größten Auswirkungen.

Der Jäger gehorchte und führte es hinaus, und als er den Hirschfänger gezogen hatte und Sneewittchens unschuldiges Herz durchbohren wollte, fing es an zu weinen und sprach: »Ach lieber Jäger, lass mir mein Leben; ich will in den wilden Wald laufen und nimmermehr wieder heimkommen.« Und weil es so schön war, hatte der Jäger Mitleiden und sprach: »So lauf hin, du armes Kind.« »Die wilden Tiere werden dich bald gefressen haben«, dachte er, und doch war's ihm, als wär ein Stein von seinem Herzen gewälzt, weil er es nicht zu töten brauchte. Und als gerade ein junger Frischling dahergesprungen kam, stach er ihn ab, nahm Lunge und Leber heraus und brachte sie als Wahrzeichen der Königin mit. Der Koch musste sie in Salz kochen und das boshafte Weib aß sie auf und meinte, sie hätte Sneewittchens Lunge und Leber gegessen.

Schauen wir auf den Jäger, so wird seine Bedeutung in der Regel gewaltig unterschätzt. Obwohl er als Gestalt später nicht mehr auftritt, bleibt er in der Wirkung seines Handelns das ganze Märchen über präsent. Er führt Sneewittchen in den Wald – aber er tötet es nicht. Welche Bedeutung hat dieses Handeln? Als ursprünglich kosmisches Wesen wurde der Mensch in die irdische Welt geführt (Wald). Hier ist er den Gesetzen der Vergänglichkeit unterworfen. Aber die Menschenseele besteht nicht aus einem Erdenstoff und somit kann sie den Erdentod auch nicht erleiden. Dies ist der tiefere Grund, weshalb der Jäger Sneewittchen nicht tötet.

Die Stiefmutter und der Jäger symbolisieren diejenigen kosmischen Kräfte, welche auf den Entwicklungsgang der Menschheit in außerordentlich mächtiger Weise wirkten und wirken. Die Anthroposophie bezeichnet sie als die luziferischen und ahrimanischen Kräfte. *Während die luziferischen Wesen dem Menschen-ICH die Leidenschaft einpflanzten* (Stiefmutter), *lenkten die ahrimanischen Wesen diese Leidenschaften auf die physische Welt* (Jäger).

Warum fordert die Stiefmutter eigentümlicher Weise gerade die Lunge und die Leber als Wahrzeichen vom Jäger? Hinter diesen Organen verbirgt sich ein tiefer Zusammenhang, von dem auch die Griechen in der Prometheus-Sage zu erzählen wussten. Die Leber ist das Organ, welches die ahrimanischen Kräfte am charakteristischsten zum Ausdruck bringt. *Sie möchten die Seele des Menschen an die irdischen Verhältnisse binden:* Prometheus wird mit Eisen an den Felsen geschmiedet. *Dem gegenüber wollen die luziferischen Kräfte die Menschenseele von der Erde lösen.* Ihr Symbol ist die Lunge: Als Herr der Lüfte nähert sich Prometheus ein Adler.

Erst der Balance dieser beiden Kräfte verdankt der Mensch die Möglichkeit seiner Freiheit. Das Handeln des Jägers wird somit als Gegengewicht zur Stiefmutter notwendig.

> *Nun war das arme Kind in dem großen Wald mutterselig allein, und war ihm so angst, dass es alle Blätter an den Bäumen ansah und nicht wusste, wie es sich helfen sollte. Da fing es an zu laufen und lief über die spitzen Steine und durch die Dornen, und die wilden Tiere sprangen an ihm vorbei, aber sie taten ihm nichts.*

An den spitzen Steinen, den Dornen und den wilden Tieren erkennen wir die Repräsentanten des Mineral-, Pflanzen- und Tierreiches der Erde. Die Menschheit hat ihren Ursprung in der geistigen Welt, in welcher es keine festen Körper und umgrenzten Formen gibt. Daher ist für den werdenden Menschen die Erfahrung des Undurchlässig-Irdischen im ersten Augenblick fremd und bedrohlich. Eine natürliche Neigung kleiner Kinder erinnert jedoch noch leise an jene Verhältnisse in der geistigen Welt. Sie lieben es, sich zu verstecken. Das kann man dort in dieser Art nicht.

> *Es lief, solange nur die Füße noch fort konnten, bis es bald Abend werden wollte, da sah es ein kleines Häuschen und ging hinein, sich zu ruhen. In dem Häuschen war alles klein, aber so zierlich und reinlich, dass es nicht zu sagen ist. Da stand ein weiß gedecktes Tischlein mit sieben kleinen Tellern, jedes Tellerlein mit seinem Löffellein, ferner sieben Messerlein und Gäblein und sieben Becherlein. An der Wand waren sieben Bettlein nebeneinander aufgestellt und schneeweiße Laken darüber gedeckt. Sneewittchen, weil es so hungrig und durstig war, aß von jedem Tellerlein ein wenig Gemüs und Brot und trank aus jedem Becherlein einen*

Tropfen Wein; denn es wollte nicht einem allein alles wegnehmen. Hernach, weil es so müde war, legte es sich in ein Bettchen, aber keins passte; das eine war zu lang, das andere zu kurz, bis endlich das siebente recht war: und darin blieb es liegen, befahl sich Gott und schlief ein.

Während der Wald die physische Welt symbolisiert, ist das winzige Häuschen, welches Sneewittchen jetzt betritt, das Bild für den menschlichen Leib. So sagt auch der Volksmund, dass ein Mensch »ganz aus dem Häuschen ist«, wenn er vor Aufregung wie neben sich steht. In diesem Häuschen gibt es alle Dinge sieben Mal. Welchen Hintergrund hat diese Zahl?

Um die Frage beantworten zu können, müssen wir einen kleinen Exkurs einfügen: Wir wissen, dass alles Sein dem Prozess der Entwicklung unterworfen ist. *Nichts bleibt auf Dauer, wie es ist.* Von dieser Erkenntnis macht der heutige Mensch jedoch in der Regel eine Ausnahme: Er *glaubt*, die Materie an sich sei ihrer Struktur nach ewig vorhanden. Rudolf Steiner weist als Geistesforscher darauf hin, dass dem nicht so ist. Die Materie hatte in der Vergangenheit eine ganz andere Gestalt und sie wird sie auch in der Zukunft wiederum grundlegend ändern. Der Zeitraum, in dem sich das Physische annähernd so verhält, wie es unseren heutigen Begriffen entspricht, gliedert sich in *sieben Perioden*. Dies sind die so genannten Kulturepochen, in deren fünfter wir uns heute befinden. Die ersten vier bezeichnet die Anthroposophie als die urindische (1), die urpersische (2), die ägyptisch-babylonisch-chaldäische (3) und die griechisch-römische Kulturepoche (4). Jede dieser Epochen erfüllt eine Aufgabe, mit der sie sich in den Gesamtzusammenhang einer ungemein weisheitsvollen Entwicklung einfügt. Alle Entwicklungsschritte haben darin ihren sinnvollen Platz. Dies ist der Grund, weshalb Sneewittchen in dem Häuschen alles in vollkommener Ordnung und Sauberkeit vorfindet. Das Märchen deutet mit der Siebenzahl, die so innig mit dem Zwergenhaus verbunden ist, auf diesen Entwicklungszeitraum der sieben Kulturepochen hin.

Als es ganz dunkel geworden war, kamen die Herren von dem Häuslein, das waren die sieben Zwerge, die in den Bergen nach Erz hackten und gruben. Sie zündeten ihre sieben Lichtlein an, und wie es nun hell im Häuslein ward, sahen sie, dass jemand darin gewesen war, denn es stand nicht alles so in der Ordnung, wie sie es verlassen hatten. Der erste sprach: »Wer hat auf meinem Stühlchen gesessen?« Der zweite: »Wer hat von meinem Tellerchen gegessen?« Der dritte: »Wer hat von meinem Brötchen genommen?« Der vierte: »Wer hat von meinem Gemüschen gegessen?« Der fünfte: »Wer hat mit meinem Gäbelchen gestochen?« Der sechste: »Wer hat mit meinem Messerchen geschnitten?« Der siebente: »Wer hat aus meinem Becherlein getrunken?« Dann sah sich der erste um und sah, dass auf seinem Bett eine kleine Delle war, da sprach er: »Wer hat in mein Bettchen getreten?« Die andern kamen gelaufen und riefen: »In meinem hat auch jemand gelegen.« Der siebente aber, als er in sein Bett sah, erblickte Sneewittchen, das lag darin und schlief. Nun rief er die andern, die kamen herbeigelaufen und schrien vor Verwunderung, holten ihre sieben Lichtlein und beleuchteten Sneewittchen. »Ei, du mein Gott! Ei, du mein Gott!« riefen sie. »Was ist das Kind so schön!« Und hatten so große Freude, dass sie es nicht aufweckten, sondern im Bettlein fortschlafen ließen. Der siebente Zwerg aber schlief bei seinen Gesellen, bei jedem eine Stunde, da war die Nacht herum.

Als es Morgen war, erwachte Sneewittchen, und wie es die sieben Zwerge sah, erschrak es. Sie waren aber freundlich und fragten: »Wie heißt du?« »Ich heiße Sneewittchen«, antwortete es. »Wie bist du in unser Haus gekommen?« sprachen weiter die Zwerge. Da erzählte es ihnen, dass seine Stiefmutter es hätte wollen umbringen lassen, der Jäger hätte ihm aber das Leben geschenkt, und da wär es gelaufen den ganzen Tag, bis es endlich ihr Häuslein gefunden hätte. Die Zwerge sprachen: »Willst du unsern Haushalt versehen, kochen, betten, waschen, nähen und stricken, und willst du alles ordentlich und reinlich halten, so kannst du bei uns bleiben, und es soll dir an nichts fehlen.« »Ja«, sagte Sneewittchen, »von Herzen gern«, und blieb bei ihnen. Es hielt ihnen das Haus in Ordnung; morgens gingen sie in die Berge und suchten Erz und Gold, abends kamen sie wieder, und da musste ihr Essen bereit sein. Den Tag über war das Mädchen allein, da warnten es die guten Zwerglein und sprachen: »Hüte dich vor deiner Stiefmutter, die wird bald wissen, dass du hier bist; lass ja niemand herein.«

Das Haus wird von Zwergen bewohnt. Rudolf Steiner beschreibt das tiefere Wesen der Zwergengestalt.

»In der atlantischen Zeit war der menschliche Leib noch nicht wie heute in feste Formen gebannt, sondern es war noch so, dass geistig sehr bedeutende, hoch entwickelte Menschen in der damaligen Zeit physisch klein waren, kleine Menschen waren. Dagegen hatte der, der geistig nicht sehr bedeutend war, in der atlantischen Zeit einen riesig entwickelten physischen Körper. [...] Alles, was in den Sagen von den »Riesen« enthalten ist, beruht durchaus auf Erkenntnis der Wahrheit. Wenn daher in den germanischen Sagen eine wirkliche Erinnerung an jene Zeiten erhalten ist, so empfinden wir es vom geisteswissenschaftlichen Standpunkt aus als etwas durchaus Richtiges, dass die Riesen dumm sind und dass die Zwerge eigentlich sehr gescheit sind.« *(Rudolf Steiner GA 107, 18. Vortrag)*

Es fällt dem heutigen Menschen nicht leicht, sich diese völlig anderen Lebensbedingungen vergangener Zeiten vorzustellen. Aber selbst wenn die Klugheit ihren Einfluss auf das körperliche Wachstum heute vollständig verloren hat, gibt es doch ein Phänomen, das auf einen ähnlichen Zusammenhang hinweist. So kann man feststellen, dass ein und dieselbe Pflanzenart im Gebirge viel kleiner wächst als im Tiefland. Der Grund liegt in den unterschiedlichen Licht-Wärme-Verhältnissen. Das Interessante ist nun aber, dass die Klugheit ebenso mit dem Licht zusammenhängt. Haben wir etwas verstanden, so sagen wir, uns sei »ein Licht aufgegangen«. *Nicht äußerlich, sondern innerlich erhellt sich uns die Welt im Denken.* In weit zurückliegenden

Menschheitsepochen absorbierte die Fähigkeit des Denkens einen Teil der Lichtkräfte, die zugleich Wachstumskräfte waren und verminderten damit das Körperwachstum.

Die Zwergengestalt weist uns auf die zentrale Entwicklungsaufgabe dieser sieben Kulturepochen hin: *Der Mensch wird die einst zerbrochene Einheit zur geistigen Welt nur dadurch wieder herstellen können, dass er den Zutritt zur geistigen Welt durch die Metamorphose seiner Denkkräfte zu erreichen sucht. In dem Zeitraum der sieben Kulturepochen muss die Menschheit ihr Denken so weit erkraften, dass es sich zu einem Wahrnehmungsorgan übersinnlicher Welten entwickelt.* Auch die naturwissenschaftliche Schulung des Denkens steht im Dienst dieser Aufgabe.

Die Königin aber, nachdem sie Sneewittchens Lunge und Leber glaubte gegessen zu haben, dachte nicht anders, als sie wäre wieder die Erste und Allerschönste, trat vor ihren Spiegel und sprach: »Spieglein, Spieglein an der Wand, wer ist die Schönste im ganzen Land?« Da antwortete der Spiegel: »Frau Königin, Ihr seid die Schönste hier, aber Sneewittchen über den Bergen bei den sieben Zwergen ist noch tausendmal schöner als Ihr.« Da erschrak sie, denn sie wusste, dass der Spiegel keine Unwahrheit sprach, und merkte, dass der Jäger sie betrogen hatte und Sneewittchen noch am Leben war. Und da sann und sann sie aufs Neue, wie sie es umbringen wollte; denn solange sie nicht die Schönste war im ganzen Land, ließ ihr der Neid keine Ruhe. Und als sie sich endlich etwas ausgedacht hatte, färbte sie sich das Gesicht und kleidete sich wie eine alte Krämerin, und war ganz unkenntlich. In dieser Gestalt ging sie über die sieben Berge zu den sieben Zwergen, klopfte an die Türe und rief: »Schöne Ware feil! feil!« Sneewittchen guckte zum Fenster heraus und rief: »Guten Tag, liebe Frau, was habt Ihr zu verkaufen?« »Gute Ware, schöne Ware«, antwortete sie, »Schnürriemen von allen Farben«, und holte einen hervor, der aus bunter Seide geflochten war. »Die ehrliche Frau kann ich hereinlassen«, dachte Sneewittchen, riegelte die Türe auf und kaufte sich den hübschen

Schnürriemen. »Kind«, sprach die Alte, »wie du aussiehst! Komm, ich will dich einmal ordentlich schnüren.« Sneewittchen hatte kein Arg, stellte sich vor sie und ließ sich mit dem neuen Schnürriemen schnüren; aber die Alte schnürte geschwind und schnürte so fest, dass dem Sneewittchen der Atem verging und es für tot hinfiel. »Nun bist du die Schönste gewesen«, sprach sie und eilte hinaus. Nicht lange darauf, zur Abendzeit, kamen die sieben Zwerge nach Haus, aber wie erschraken sie, als sie ihr liebes Sneewittchen auf der Erde liegen sahen; und es regte und bewegte sich nicht, als wäre es tot. Sie hoben es in die Höhe, und weil sie sahen, dass es zu fest geschnürt war, schnitten sie den Schnürriemen entzwei: da fing es an, ein wenig zu atmen, und ward nach und nach wieder lebendig. Als die Zwerge hörten, was geschehen war, sprachen sie: »Die alte Krämerfrau war niemand als die gottlose Königin: hüte dich und lass keinen Menschen herein, wenn wir nicht bei dir sind.«

Nachdem die Stiefmutter bemerkt, dass der Jäger ihrem Willen zuwider gehandelt hat, versucht sie jetzt, ihr Ziel auf anderem Wege zu erreichen. Mit dem Schnürriemen will sie wiederum Sneewittchens Lunge habhaft werden. Dieses Mal scheitert die Stiefmutter jedoch an den sieben Zwergen. Als Symbol menschlichen Denkens sind die Zwerge klug genug, diesen Angriff der Stiefmutter zu durchschauen und abzuwehren.

Das böse Weib aber, als es nach Haus gekommen war, ging vor den Spiegel und fragte: »Spieglein, Spieglein an der Wand, wer ist die Schönste im ganzen Land?« Da antwortete er wie sonst: »Frau Königin, Ihr seid die Schönste hier, aber Sneewittchen über den Bergen bei den sieben Zwergen ist noch tausendmal schöner als Ihr.« Als sie das hörte, lief ihr alles Blut zum Herzen, so erschrak sie, denn sie sah wohl, dass Sneewittchen wieder lebendig geworden war. »Nun aber«, sprach sie, »will ich etwas aussinnen, das dich zugrunde richten soll«, und mit Hexenkünsten, die sie verstand, machte sie einen giftigen Kamm. Dann verkleidete sie sich und nahm die Gestalt eines andern alten Weibes an. So ging sie hin über die sieben Berge zu den sieben Zwergen, klopfte an die Türe und rief: »Gute Ware feil! feil!« Sneewittchen schaute heraus und sprach: »Geht nur weiter, ich darf niemand hereinlassen.« »Das Ansehen wird dir doch erlaubt sein«, sprach die Alte, zog den giftigen Kamm heraus und hielt ihn in die Höhe. Da gefiel er dem Kinde so gut, dass es sich betören ließ und die Türe öffnete. Als sie des Kaufs einig waren, sprach die Alte: »Nun will ich dich einmal ordentlich kämmen.« Das arme Sneewittchen dachte an nichts und ließ die Alte gewähren, aber kaum hatte sie den Kamm in die Haare gesteckt, als das Gift darin wirkte und das Mädchen ohne Besinnung niederfiel. »Du Ausbund von Schönheit«, sprach das boshafte Weib, »jetzt ist's um dich geschehen«, und ging fort. Zum Glück aber war es bald Abend, wo die sieben Zwerglein nach Haus kamen. Als sie Sneewittchen wie tot auf der Erde liegen sahen, hatten sie gleich die Stiefmutter in Verdacht, suchten nach und fanden den giftigen Kamm, und kaum hatten sie ihn herausgezogen, so kam Sneewittchen wieder zu sich und erzählte, was vorgegangen war. Da warnten sie es noch einmal, auf seiner Hut zu sein und niemandem die Türe zu öffnen. Die Königin stellte sich daheim vor den Spiegel und sprach:

»Spieglein, Spieglein an der Wand, wer ist die Schönste im ganzen Land?« Da antwortete er wie vorher: »Frau Königin, Ihr seid die Schönste hier, aber Sneewittchen über den Bergen bei den sieben Zwergen ist doch noch tausendmal schöner als Ihr.«

Gegen die Leber richtet sich der zweite Versuch der Stiefmutter. Wie Luft und Lunge, so entsprechen sich auch die Leber und das Gift. Das Bild des giftigen Kammes zielt auf das Denkorgan des Menschen. Im Aufpeitschen triebhafter Leidenschaften, die den Menschen entsprechend der Leberkräfte an die Erde binden möchten, ist es möglich, das Denken für seine Entwicklung unbrauchbar zu machen. Die Zwerge sind jedoch auch diesmal in der Lage, den Angriff zu durchschauen und auszugleichen.

Als sie den Spiegel so reden hörte, zitterte und bebte sie vor Zorn. »Sneewittchen soll sterben«, rief sie, »und wenn es mein eignes Leben kostet.« Darauf ging sie in eine ganz verborgene einsame Kammer, wo niemand hinkam, und machte da einen giftigen, giftigen Apfel. Äußerlich sah er schön aus, weiß mit roten Backen, dass jeder, der ihn erblickte, Lust danach bekam, aber wer ein Stückchen davon aß, der musste sterben. Als der Apfel fertig war, färbte sie sich das Gesicht und verkleidete sich in eine Bauersfrau, und so ging sie über die sieben Berge zu den sieben Zwergen. Sie klopfte an, Sneewittchen streckte den Kopf zum Fenster heraus und sprach: »Ich darf keinen Menschen einlassen, die sieben Zwerge haben mir's verboten.« »Mir auch recht«, antwortete die Bäurin, »meine Äpfel will ich schon loswerden. Da, einen will ich dir schenken.« »Nein«, sprach Sneewittchen, »ich darf nichts annehmen.« »Fürchtest du dich vor Gift?« sprach die Alte. »Siehst du, da schneide ich den Apfel in zwei Teile; den roten Backen isst du, den weißen will ich essen.« Der Apfel war aber so künstlich gemacht, dass der rote Backen allein vergiftet war. Sneewittchen lusterte den schönen Apfel an, und als es sah, dass die Bäurin davon aß, so konnte es nicht länger widerstehen, streckte die Hand hinaus und nahm die giftige Hälfte. Kaum aber hatte es einen Bissen davon im Mund, so fiel es tot zur Erde nieder. Da betrachtete es die Königin mit grausigen Blicken und lachte überlaut und sprach: »Weiß wie Schnee, rot wie Blut, schwarz wie Ebenholz! Diesmal können dich die Zwerge nicht wieder erwecken.« Und als sie daheim den Spiegel befragte: »Spieglein, Spieglein an der Wand, wer ist die Schönste im ganzen Land?«, so antwortete er endlich: »Frau Königin, Ihr seid die Schönste im Land.« Da hatte ihr neidisches Herz Ruhe, so gut ein neidisches Herz Ruhe haben kann.

Die Zwerglein, wie sie abends nach Haus kamen, fanden Sneewittchen auf der Erde liegen, und es ging kein Atem mehr aus seinem Mund, und es war tot. Sie hoben es auf, suchten, ob sie was Giftiges fänden, schnürten es auf, kämmten ihm die Haare, wuschen es mit Wasser und Wein, aber es half alles nichts; das liebe Kind war tot und blieb tot.

Wie kommt es, dass die Stiefmutter ihr Ziel nun scheinbar doch erreicht? In den ersten beiden Versuchen wendet sich ihr Bemühen einseitig gegen die Lunge oder die Leber. Dies können die Zwerge immer wieder ausgleichen. Aber nun führt die Stiefmutter einen Anschlag auf beide Organe gleichzeitig aus. Das Gift zielt auf die Leber und das Apfelstückchen blockiert die Atemwege. Übertragen wir dieses Bild auf die Seelenebene: *Es liegt darin der Versuch, die geistigen Auftriebskräfte des Menschen zu ersticken (Lungenkräfte) und im selben Moment seine Begierdennatur voll zu entfachen (Leberkräfte).* Dies ist in besonderem Maß ein Charakterzug unserer Zeit. Will der Mensch die Fähigkeit der Freiheit erlangen, dann muss er diesen luziferischen und ahrimanischen Einflüssen ausgesetzt werden. Was mit dem Schnürriemen und dem Kamm in gewisser Weise äußerlich blieb, wirkt mit dem vergifteten Apfelstück von innen. Dagegen sind die Zwerge zunächst machtlos.

> *Sie legten es auf eine Bahre und setzten sich alle siebene daran und beweinten es, und weinten drei Tage lang. Da wollten sie es begraben, aber es sah noch so frisch aus wie ein lebender Mensch und hatte noch seine schönen roten Backen. Sie sprachen: »Das können wir nicht in die schwarze Erde versenken«, und ließen einen durchsichtigen Sarg von Glas machen, dass man es von allen Seiten sehen konnte, legten es hinein und schrieben mit goldenen Buchstaben seinen Namen darauf, und dass es eine Königstochter wäre. Dann setzten sie den Sarg hinaus auf den Berg, und einer von ihnen blieb immer dabei und bewachte ihn. Und die Tiere kamen auch und beweinten Sneewittchen, erst eine Eule, dann ein Rabe, zuletzt ein Täubchen. Nun lag Sneewittchen lange, lange Zeit in dem Sarg und verweste nicht, sondern sah aus, als wenn es schliefe, denn es war noch so weiß als Schnee, so rot als Blut und so schwarzhaarig wie Ebenholz.*

Die Zwerge unterbrechen ihre Arbeit und weinen drei Tage lang (»die Qualität der Zahl Drei«). Anschließend legen sie Sneewittchen in einen Sarg aus Glas und tragen das Mädchen auf einen Berg. Warum tun die Zwerge solch sonderbare Dinge?

Durch die luziferischen und ahrimanischen Verlockungen gerät der Mensch immer wieder ein Stück aus seinem Seelengleichgewicht. Das Handeln der Zwerge zeigt, wie er dem entgegenwirken kann. Zunächst tragen die Zwerge den Sarg. So stützt auch der Mensch seine Seele von unten, wenn er versucht, das eigene Denken zu durchlichten. Zugleich ist dies die Voraussetzung dafür, dass die kosmischen Lichtkräfte von oben wirksam werden können (Berg und Glassarg). Die einerseits aktiv-tätige und andererseits empfangende Geste unserer Seele ruft letztendlich die Fähigkeit auf den Plan, welche das Märchen mit dem Königssohn symbolisiert.

Es geschah aber, dass ein Königssohn in den Wald geriet und zu dem Zwergenhaus kam, da zu übernachten. Er sah auf dem Berg den Sarg, und das schöne Sneewittchen darin, und las, was mit goldenen Buchstaben darauf geschrieben war. Da sprach er zu den Zwergen: »Lasst mir den Sarg, ich will euch geben, was ihr dafür haben wollt.« Aber die Zwerge antworteten: »Wir geben ihn nicht um alles Gold in der Welt.« Da sprach er: »So schenkt mir ihn, denn ich kann nicht leben, ohne Sneewittchen zu sehen, ich will es ehren und hochachten wie mein Liebstes.« Wie er so sprach, empfanden die guten Zwerglein Mitleiden mit ihm und gaben ihm den Sarg. Der Königssohn ließ ihn nun von seinen Dienern auf den Schultern forttragen. Da geschah es, dass sie über einen Strauch stolperten, und von dem Schütteln fuhr der giftige Apfelgrütz, den Sneewittchen abgebissen hatte, aus dem Hals. Und nicht lange, so öffnete es die Augen, hob den Deckel vom Sarg in die Höhe und richtete sich auf, und war wieder lebendig. »Ach Gott, wo bin ich?« rief es. Der Königssohn sagte voll Freude: »Du bist bei mir«, und erzählte, was sich zugetragen hatte, und sprach: »Ich habe dich lieber als alles auf der Welt; komm mit mir in meines Vaters Schloss, du sollst meine Gemahlin werden.« Da war ihm Sneewittchen gut und ging mit ihm, und ihre Hochzeit ward mit großer Pracht und Herrlichkeit angeordnet.

Mit dem Prinzen kommen die sieben Kulturepochen an ihr Ende. Die ganze Zeit haben die Zwerge in den Bergen nach Erz und Gold geklopft. Dies ist ein Bild für die Fülle unendlich kleiner und mühsamer Bewusstseinsarbeit, die von der Menschheit in den sieben Kulturepochen geleistet werden muss. *Der Prinz ist die Krönung dieser Entwicklung.* In ihm wird die Menschheit schließlich ein Denken erworben haben, das in seiner Unabhängigkeit und Stärke dem luziferischen und ahrimanischen Willen standzuhalten vermag. Aber das giftige Apfelstück in Sneewittchens Hals löst sich erst durch Erschütterung. Damit wird darauf hingewiesen, dass auch der Weg der menschlichen Seele von heftigen Eruptionen geprägt ist. Tatsächlich kann man feststellen, dass die Seelendramatik vieler Biographien stark zunimmt. Am Ende jedoch betritt Sneewittchen mit dem Königssohn das Reich jenseits der sieben Berge.

Zu dem Fest wurde aber auch Sneewittchens gottlose Stiefmutter eingeladen. Wie sie sich nun mit schönen Kleidern angetan hatte, trat sie vor den Spiegel und sprach: »Spieglein, Spieglein an der Wand, wer ist die Schönste im ganzen Land?« Der Spiegel antwortete: »Frau Königin, Ihr seid die Schönste hier, aber die junge Königin ist tausendmal schöner als Ihr.« Da stieß das böse Weib einen Fluch aus, und ward ihr so angst, so angst, dass sie sich nicht zu lassen wusste. Sie wollte zuerst gar nicht auf die Hochzeit kommen; doch ließ es ihr keine Ruhe, sie musste fort und die junge Königin sehen. Und wie sie hineintrat, erkannte sie Sneewittchen, und vor Angst und Schrecken stand sie da und konnte sich nicht regen. Aber es waren schon eiserne Pantoffeln über Kohlenfeuer gestellt und wurden mit Zangen hereingetragen und vor sie hingestellt. Da musste sie in die rotglühenden Schuhe treten und so lange tanzen, bis sie tot zur Erde fiel.

Das Märchen endet dramatisch. Die rotglühenden Pantoffeln zeigen uns, wie intensiv der Tanz gegen Ende sein wird. Die Hitze ist Ausdruck des Eifers, den die luziferischen Wesen an den Tag legen werden. Und doch endet der Tanz mit dem Tod der Stiefmutter. Auf diese Weise erfüllt sich schließlich die Aufgabe der luziferischen und ahrimanischen Wesen.

Verdichtung

Die Stiefmutter gibt den Befehl, das junge Sneewittchen in den Wald zu führen und dort zu töten. Der ersten Anweisung folgt der Jäger, aber das Leben nimmt er Sneewittchen nicht. Dies ist ein bedeutsames Bild: Während der Menschenleib den Gesetzen der Vergänglichkeit unterworfen ist, durchläuft die Menschenseele in immer neuen Inkarnationen die sieben Kulturepochen. Die zentrale Entwicklungsaufgabe dieses Zeitraumes liegt in der Erkraftung eines selbstständigen Denkens. Das Symbol dieser Fähigkeit sind die sieben Zwerge. In mühsamer Kleinarbeit fördern sie kostbares Erz (Bewusstseinsarbeit des Menschen) an das Tageslicht und können den Anfeindungen der Stiefmutter zweimal trotzen. Und doch ist es schließlich nur dem Königssohn möglich, Sneewittchen am Ende zu retten. In ihm zeigen sich Frucht und Wirksamkeit unserer insgesamt geleisteten Bewusstseinsanstrengung. Der Mensch wird am Ende der sieben Kulturepochen seine Denkkräfte so grundlegend verwandelt haben, dass er damit ein Reich betreten kann, das wie so häufig den Beginn einer ganz neuen Entwicklung symbolisiert.

Dornröschen

Vor Zeiten war ein König und eine Königin, die sprachen jeden Tag: »Ach, wenn wir doch ein Kind hätten!«, und kriegten immer keins. Da trug sich zu, als die Königin einmal im Bade saß, dass ein Frosch aus dem Wasser ans Land kroch und zu ihr sprach: »Dein Wunsch wird erfüllt werden, ehe ein Jahr vergeht, wirst du eine Tochter zur Welt bringen.«

Das Märchen beginnt nicht, indem es heißt: »Vor langer Zeit ...«, sondern es setzt die Zeit in den Plural. Wir werden damit in eine Menschheitsvergangenheit zurückversetzt, welche viele Zeitalter vor der unsrigen liegt. Dies ist eine Zeit, in der die Menschheit noch ganz mit dem Übersinnlichen verwoben war. Das Reich, über welches König und Königin gebieten, ist gleichsam noch ein »Himmelreich«.

Auch in diesem Märchen erscheint ein Frosch. Während die Königin beim Bade weilt, kriecht er aus dem Wasser. Die Wahl des Tieres, welches die ersehnte Botschaft überbringen darf, ist nicht vom Zufall bestimmt. Zwischen der angekündigten Königstochter und dem Wesen des Frosches besteht ein innerer Zusammenhang. Als Lebewesen zweier Welten hat sich der Frosch von einem Wasser- zu einem Landtier entwickelt. Er verlässt das flüssige Element und betritt festen Grund. Damit wird er zum Symbol der materiellen Verdichtung und gleichzeitig zum Vorverkünder der Menschheitsentwicklung: Geboren aus der geistigen Welt wird sich die Menschheit ganz mit dem irdischen Element verbinden. In Dornröschen wird der Weg dieser Entwicklung beschrieben.

Was der Frosch gesagt hatte, das geschah, und die Königin gebar ein Mädchen, das war so schön, dass der König vor Freude sich nicht zu lassen wusste und ein großes Fest anstellte. Er lud nicht bloß seine Verwandten, Freunde und Bekannten, sondern auch die weisen Frauen dazu ein, damit sie dem Kind hold und gewogen wären. Es waren ihrer dreizehn in seinem Reiche, weil er aber nur zwölf goldene Teller hatte, von welchen sie essen sollten, so musste eine von ihnen daheim bleiben. Das Fest ward mit aller Pracht gefeiert, und als es zu Ende war, beschenkten die weisen Frauen das Kind mit ihren Wundergaben: die eine mit Tugend, die andere mit Schönheit, die dritte mit Reichtum, und so mit allem, was auf der Welt zu wünschen ist. Als elfe ihre Sprüche eben getan hatten, trat plötzlich die dreizehnte herein. Sie wollte sich dafür rächen, dass sie nicht eingeladen war, und ohne jemand zu grüßen oder nur anzusehen, rief sie mit lauter Stimme: »Die Königstochter soll sich in ihrem fünfzehnten Jahr an einer Spindel stechen und tot hinfallen.« Und ohne ein Wort weiter zu sprechen, kehrte sie sich um und verließ den Saal. Alle waren erschrocken, da trat die zwölfte hervor, die ihren Wunsch noch übrig hatte, und weil sie den bösen Spruch nicht aufheben, sondern nur ihn mildern konnte, so sagte sie: »Es soll aber kein Tod sein, sondern ein hundertjähriger tiefer Schlaf, in welchen die Königstochter fällt.«

Die »Geburt«, bzw. der Beginn dieser neuen Entwicklungsphase der Menschheit war kein unbedeutendes Ereignis. Der geistige Kosmos nahm innigen Anteil daran. Dem entspricht im Märchen, dass der König Freunde, Verwandte und Bekannte einlädt. Dreizehn weise Frauen leben in seinem Königreich. Was für eine Bedeutung hat diese Zahl? Im einfachen Volk galt die Dreizehn häufig als Vorbote des Unglücks und daher vermied man, was mit ihr zusammenhing. Zu ihrem Verständnis kommt man jedoch erst über den Umweg der Zwölf. So viele goldene Teller besitzt der König.

Betrachten wir unser Zahlensystem, so stellen wir fest, dass es auf dem Zehnerprinzip basiert. Der Zahlenraum von der Eins bis zur Zwölf (Dutzend) macht jedoch eine Ausnahme. In gewisser Weise gelten hier andere Gesetze. Schon die Namensgebung der Elf und Zwölf deuten darauf hin. Nach dem Zehnersystem müssten sie logischerweise »Ein-zehn« bzw. »Zwei-zehn« heißen.

Überlegen wir, mit welchen Begriffen die Zwölf untrennbar verbunden ist. Wir finden sie in den Monaten, den Bildern des Tierkreises, den Halbtonschritten einer Oktave und auch den Jüngern des Jesus Christus. Sie ist das Symbol einer *vollkommenen Einheit*, die aus zwölf Perspektiven hervorgeht. Damit wird der Hintergrund der zwölf goldenen Teller berührt: *Wie Sonnen umkreisen sie die junge Menschheit (Dornröschen) und strahlen ihr die ganze Weisheit des Kosmos entgegen. Gleichsam wie auf goldenen Tellern wird sie der Menschheit als Geistesnahrung gereicht.*

Aber der Kreis kommt mit der Zwölf auch an seinen Anfang zurück und wiederholt seine Bahn. Blieben wir bei der Zwölf stehen, so würde das Gleiche immer wiederkehren, und dem Kosmos entstünde durch die Entwicklung der Menschheit nichts Neues. Die Dreizehn hingegen durchbricht den Kreis der Wiederholung, und so erfährt das Märchen durch den Fluch der dreizehnten weisen Frau eine völlig neue Wendung. Einmal ausgesprochen, kann ihr Wille jetzt nicht mehr verhindert, sondern nur noch gemildert werden. Wenn wir dieses Bild auf die Bewusstseinsentwicklung übertragen, so wird der einhundertjährige Schlaf zum Geistesschlaf der Menschheit. Ein Schleier des Vergessens senkt sich über den lebendigen Zusammenhang mit der geistigen Welt. Damit geschieht es zum ersten Mal in der Weltenentwicklung, dass ein Geschöpf die Existenz seines Schöpfers zu leugnen vermag. Nur auf diese Weise wird sich aber menschliche Freiheit entwickeln können.

Der König, der sein liebes Kind vor dem Unglück gern bewahren wollte, ließ den Befehl ausgeben, dass alle Spindeln im ganzen Königreiche sollten verbrannt werden. An dem Mädchen aber wurden die Gaben der weisen Frauen sämtlich erfüllt, denn es war so schön, sittsam, freundlich und verständig, dass es jedermann, der es ansah, lieb haben musste.

Das Motiv des Spinnens wird in Märchen häufig verwendet. Aus der anfangs lockeren und unstrukturierten Wolle, entsteht ein fester und zusammenhängender Faden. In diesem symbolisiert das Märchen den Lebensfaden des Menschen, der sich notwendigerweise mit den Verhältnissen der sinnlich-physischen Welt verstricken muss. Der König lässt alle Spindeln im ganzen Königreich verbrennen. Dieses Bild deutet darauf hin, dass die Menschenseele ursprünglich davor bewahrt bleiben sollte, sich allzu stark mit der Erde verbinden zu müssen.

Es geschah, dass an dem Tage, wo es gerade fünfzehn Jahr alt ward, der König und die Königin nicht zu Haus waren und das Mädchen ganz allein im Schloss zurückblieb. Da ging es allerorten herum, besah Stuben und Kammern, wie es Lust hatte, und kam endlich auch an einen alten Turm. Es stieg die enge Wendeltreppe hinauf und gelangte zu einer kleinen Türe. In dem Schloss steckte ein verrosteter Schlüssel, und als es umdrehte, sprang die Türe auf, und saß da in einem kleinen Stübchen eine alte Frau mit einer Spindel und spann emsig ihren Flachs. »Guten Tag, du altes Mütterchen«, sprach die Königstochter, »was machst du da?« »Ich spinne«, sagte die Alte und nickte mit dem Kopf. »Was ist das für ein Ding, das so lustig herumspringt?« sprach das Mädchen, nahm die Spindel und wollte auch spinnen. Kaum hatte sie aber die Spindel angerührt, so ging der Zauberspruch in Erfüllung, und sie stach sich damit in den Finger. In dem Augenblick aber, wo sie den Stich empfand, fiel sie auf das Bett nieder, das da stand, und lag in einem tiefen Schlaf.

Mit fünfzehn Jahren hat Dornröschen ihre Geschlechts-, bzw. Erdenreife erreicht. Die Menschheit durchlief einen ähnlichen Prozess: Auch sie wurde gewissermaßen »reif für die Erde«. Dornröschen steigt über eine Wendeltreppe in den Turm. Die Tiefe dieses schlichten Bildes wird leicht übersehen. Oben sagten wir, dass sich die Zwölf mit der Eins zum Kreis schließt. Sie bilden das Rad der ewigen Wiederholung. Die Dreizehn aber geht über die Eins hinaus und ist damit der Beginn einer sich nach oben windenden Spirale.

Die Qualität der Dreizehn liegt auf wunderbare Weise in dieser Wendeltreppe verborgen. Sie führt Dornröschen in jene unbekannte Kammer, in der eine alte Frau sitzt. Mit dieser Gestalt, die in ähnlicher Weise auch in Frau Holle anklingt, symbolisiert das Märchen das Höhere Selbst des Menschen, welches den Schicksalsfaden spinnt. Wird dieser nur ein einziges Mal berührt, so wird Karma in seiner ganzen Gesetzmäßigkeit wirksam. Je mehr der Mensch »sein Leben in die Hand nimmt«, desto größer sind die Wirkungen, die daraus hervorgehen. Dornröschen geht jedoch noch einen Schritt weiter: Sie sticht sich an der Spindel blutig. Das Blut ist der physische Ausdruck des menschlichen ICH (»die Qualität des Blutes«). Verbindet sich das ICH ganz mit seinem Erdenschicksal, so versinkt für den Menschen die geistige Welt wie im Schlaf.

Und dieser Schlaf verbreitete sich über das ganze Schloss: der König und die Königin, die eben heimgekommen waren und in den Saal getreten waren, fingen an einzuschlafen, und der ganze Hofstaat mit ihnen. Da schliefen auch die Pferde im Stall, die Hunde im Hofe, die Tauben auf dem Dache, die Fliegen an der Wand, ja, das Feuer, das auf dem Herde flackerte, ward still und schlief ein, und der Braten hörte auf zu brutzeln, und der Koch, der den Küchenjungen, weil er etwas versehen hatte, in den Haaren ziehen wollte, ließ ihn los und schlief. Und der Wind legte sich, und auf den Bäumen vor dem Schloss regte sich kein Blättchen mehr.

Für die Grimmschen Märchen ist es ungewöhnlich, dass die Bilder bis in alle Einzelheiten ausgemalt werden. Folglich muss es besonders wichtig sein, die absolute Reglosigkeit dieses Zustandes zu betonen. Auf den Menschen bezogen ist die geistige Welt still geworden – sie ist für ihn von nun an nicht mehr wahrnehmbar.

Rings um das Schloss aber begann eine Dornenhecke zu wachsen, die jedes Jahr höher ward und endlich das ganze Schloss umzog und darüber hinaus wuchs, dass gar nichts mehr davon zu sehen war, selbst nicht die Fahne auf dem Dach. Es ging aber die Sage in dem Land von dem schönen schlafenden Dornröschen, denn so ward die Königstochter genannt, also dass von Zeit zu Zeit Königssöhne kamen und durch die Hecke in das Schloss dringen wollten. Es war ihnen aber nicht möglich, denn die Dornen, als hätten sie Hände, hielten fest zusammen, und die Jünglinge blieben darin hängen, konnten sich nicht wieder losmachen und starben eines jämmerlichen Todes.

Der Dornröschenschlaf dauert einhundert Jahre. Auch bei »Jorinde und Joringel« taucht diese Zahl auf. Dort wirkt eine Hexe mit ihrer Zauberkraft in einem Umkreis von einhundert Schritten um das Schloss. Nicht im absoluten Sinn hat diese Zahl Geltung. Sie symbolisiert die Grenze eines geistigen Impulses. Die Inder nannten diese Zeit der Bewusstseinsverdunklung das »Kali Yuga« (finsteres Zeitalter). Ihnen zufolge währte es 5000 Jahre (von 3101 v. Chr. bis 1899 n. Chr.).

»Sie werden sich fragen: Bleibt denn ein Eingeweihter, durch die Inkarnationen gehend, nicht ein Eingeweihter? Man kann ein tief Eingeweihter in einer früheren Epoche gewesen sein, und man muss in einer neuen Epochen denjenigen Körper benützen, man muss diejenige Erziehung durchmachen, welche aus dieser Epoche heraus kommen kann. Dann muss man die Kräfte, die zunächst aus der früheren Inkarnation kommen, im Unterbewusstsein halten. [...] Sie waren früher Eingeweihte, verlieren das auch nicht, handeln auch in ihrem Unterbewusstsein darnach; sie können aber nicht anders als sich anpassen, was das Leben der Kultur eben gewährt.« *(Rudolf Steiner GA 240, 2. Vortrag)*

Die menschlichen Leiber sind heute so dicht geworden und die Gedanken kleiden sich in so feste Begriffe, dass selbst Eingeweihte vergangener Epochen in heutigen Inkarnationen vielfach das Geistige aus eigener Anschauung nicht mehr erreichen können. Das Märchen spricht davon, dass die in der Dornenhecke gefangenen Königssöhne eines jämmerlichen Todes sterben müssen. Die »Dornen« reißen gleichsam Wunden in die Seelen der Menschen, die vom Geiste wissen, aber selbst unter größter Anstrengung nicht zu ihm durchdringen können. Die Jünglinge gleichen dem Menschen, welcher in verschiedenen Inkarnationen die geistige Welt nicht erreichen kann. Während der ganzen hundert Jahre hat sich die Sage vom schlafenden Dornröschen erhalten. So bewahrten sich auch unsere Religionen eine Ahnung von der Wirklichkeit der geistigen Welten.

Nach langen, langen Jahren kam wieder einmal ein Königssohn in das Land und hörte, wie ein alter Mann von der Dornenhecke erzählte, es sollte ein Schloss dahinter stehen, in welchem eine wunderschöne Königstochter, Dornröschen genannt, schon seit hundert Jahren schliefe, und mit ihr schliefe der König und die Königin und der ganze Hofstaat. Er wusste auch von seinem Großvater, dass schon viele Königssöhne gekommen wären und versucht hätten, durch die Dornenhecke zu dringen, aber sie wären darin hängen geblieben und eines traurigen Todes gestorben. Da sprach der Jüngling: »Ich fürchte mich nicht, ich will hinaus und das schöne Dornröschen sehen.« Der gute Alte mochte ihm abraten, wie er wollte, er hörte nicht auf seine Worte. Nun waren aber gerade die hundert Jahre verflossen, und der Tag war gekommen, wo Dornröschen wieder erwachen sollte. Als der Königssohn sich der Dornenhecke näherte, waren es lauter große schöne Blumen, die taten sich von selbst auseinander und ließen ihn unbeschädigt hindurch, und hinter ihm taten sie sich wieder als eine Hecke zusammen.

Könnte eine Menschheit zur Freiheit gelangen, ohne »von den Göttern verlassen« zu werden? Es wäre nicht möglich. Die geistige Welt musste schweigen und ihr Angesicht verhüllen. Für die Menschheit ist dies der Gang durch das Tal der Tränen, des Irrtums, der Einsamkeit und des Schmerzes.

Was ist nun an dem letzten Königssohn so Besonderes, dass er nicht nur in den Dornen nicht jämmerlich zugrunde geht, sondern sich die Hecke vor ihm auch noch mit lauter großen und schönen Blumen auftut? An dem Königssohn selbst liegt es gar nicht. Er unterscheidet sich jedoch von den anderen Jünglingen darin, dass er zum *richtigen Zeitpunkt* kommt. Die hundert Jahre sind vorüber. Für die Bewusstseinsentwicklung der Menschheit gilt ein Gleiches. Auch der Mensch wird den Zutritt zu den geistigen Welten wieder finden, wenn die Zeit dafür gekommen ist.

Im Schlosshof sah er die Pferde und scheckigen Jagdhunde liegen und schlafen, auf dem Dache saßen die Tauben und hatten das Köpfchen unter den Flügel gesteckt. Und als er ins Haus kam, schliefen die Fliegen an der Wand, der Koch in der Küche hielt noch die Hand, als wollte er den Jungen anpacken, und die Magd saß vor dem schwarzen Huhn, das sollte gerupft werden. Da ging er weiter und sah im Saale den ganzen Hofstaat liegen und schlafen, und oben bei dem Throne lagen der König und die Königin. Da ging er noch weiter, und alles war so still, dass einer seinen Atem hören konnte, und endlich kam er zu dem Turm und öffnete die Türe zu der kleinen Stube, in welcher Dornröschen schlief. Da lag es und war so schön, dass er die Augen nicht abwenden konnte, und er bückte sich und gab ihm einen Kuss. Wie er es mit dem Kuss berührt hatte, schlug Dornröschen die Augen auf, erwachte und blickte ihn ganz freundlich an. Da gingen sie zusammen herab, und der König erwachte und die Königin und der ganze Hofstaat und sahen einander mit großen Augen an. Und die Pferde im Hof standen auf und rüttelten sich; die Jagdhunde sprangen und wedelten; die Tauben auf dem Dache zogen das Köpfchen unterm Flügel hervor, sahen umher und flogen ins Feld; die Fliegen an den Wänden krochen weiter; das Feuer in der Küche erhob sich, flackerte und kochte das Essen; der Braten fing wieder an zu brutzeln; und der Koch gab dem Jungen eine Ohrfeige, dass er schrie; und die Magd rupfte das Huhn fertig. Und da wurde die Hochzeit des Königssohns mit dem Dornröschen in aller Pracht gefeiert, und sie lebten vergnügt bis an ihr Ende.

Verdichtung

Wenn Menschen in der heutigen Zeit die Existenz der geistigen Welt leugnen, so ist dies ein Zeichen dafür, dass die »Dornenhecke um das Dornröschenschloss immer noch sehr dicht und undurchlässig ist«.

Mit Dornröschen beschreibt das Märchen den großen Gang der Menschheitsentwicklung. Seinen Ursprung hat der Mensch in den geistigen Welten. Durch sie erhielt er die vielen Gaben, die in seinem Wesen veranlagt wurden (zwölf Wundergaben der weisen Frauen). Einzig die Freiheit konnten die Götter dem Menschengeschlecht nicht schenken. Sie kann nur durch eigene Anstrengung errungen werden. Dies kleidet das Märchen mit dem Fluch der dreizehnten weisen Frau in ein tiefes Bild. Ein Geistesschlaf senkt sich herab und das unmittelbare Erleben der geistigen Welten entschwindet aus dem Bewusstsein. Der Mensch wird heimatlos, und empfindet immer deutlicher das Gefühl seines Getrennt-Seins. Wie jedoch die einhundert Jahre eine Dauer angeben, die selbst nach heutigem Durchschnitt ein Menschenleben übersteigt, muss sich der Mensch durch verschiedene Inkarnationen wiederum den Zugang zur geistigen Welt bewusst erarbeiten. Am Ende steht die Hochzeit. So beschreiben die Bilder auch dieses Märchens die erneute Vereinigung des Menschen mit der geistigen Welt.

Vom klugen Schneiderlein

Es war einmal eine Prinzessin gewaltig stolz: kam ein Freier, so gab sie ihm etwas zu raten auf, und wenn er's nicht erraten konnte, so ward er mit Spott fortgeschickt. Sie ließ auch bekannt machen, wer ihr Rätsel löste, sollte sich mit ihr vermählen, und möchte kommen, wer da wollte.

Dieses Märchen beginnt sehr ungewöhnlich: Es muss weder eine gefangene Prinzessin befreit werden, noch erscheint irgendein mutiger Königssohn. Im Gegenteil: Eine stolze, unabhängige Prinzessin sucht sich mit Hilfe eines Rätsels ihren Ehemann selbst aus. Sieht man aber genauer hin, so ist es gar nicht die Prinzessin, die ihren Gatten wählt. In Wirklichkeit bestimmt die Lösung des Rätsels den Bräutigam.

Welchen Aspekt der menschlichen Seele symbolisiert die stolze Prinzessin? Das Märchen wählt sie als Bild unserer unbewussten Seelenimpulse. Machtvoll leben diese in jedem Menschen und beeinflussen das tägliche Fühlen und Handeln in hohem Maße. Wenn wir unser Leben betrachten und insbesondere seine Wendepunkte näher ins Auge fassen, so wird man feststellen, dass es besonders die unbewussten Seelenimpulse waren, welche uns zu bestimmen Menschen oder in bestimmte Verhältnisse führten.

»Nehmen wir an, zwei Menschen finden sich zu irgendeiner Lebensgemeinschaft in einem gewissen Lebensalter. [...]

Derjenige, der tiefer nachdenkt, verfolgt das Leben des einen, der vielleicht dreißig Jahre alt geworden ist, das des anderen, der vielleicht fünfundzwanzig Jahre alt geworden ist, als sie sich gefunden haben. Er wird sehen können, wie merkwürdig, wie wunderbar das Leben dieser beiden Menschen von ihrer Geburt auf Erden an, Schritt für Schritt sich so entwickelt hat, dass sie zuletzt an diesem

Ort sich zusammengefunden haben. Man kann schon sagen: Von den entferntesten Orten finden sich die Leute dann irgendwo einmal in der Mitte des Lebens zusammen. Und es ist so, als ob sie alle ihre Wege so angeordnet hätten, dass sie sich zusammenfinden.

Aber das alles können sie ja nicht mit Bewusstsein voneinander gemacht haben, denn sie hatten sich noch gar nicht gesehen, oder wenigstens nicht so beurteilt, dass sie in einer solchen Weise sich finden. Das alles verläuft im Unbewussten. Wir machen die Wege zu wichtigen Lebensabschnitten, zu wichtigen Lebenspunkten im tiefsten Unbewussten. Und aus diesem Unbewussten heraus wird das Schicksal zunächst gewoben.« *(Rudolf Steiner GA 234, 3. Vortrag)*

Endlich fanden sich auch drei Schneider zusammen, davon meinten die zwei ältesten, sie hätten so manchen feinen Stich getan und hätten's getroffen, da könnt's ihnen nicht fehlen, sie müssten's auch hier treffen; der dritte war ein kleiner unnützer Springinsfeld, der nicht einmal sein Handwerk verstand, aber meinte, er müsste dabei Glück haben, denn woher sollt's ihm sonst kommen. Da sprachen die zwei andern zu ihm: »Bleib nur zu Haus, du wirst mit deinem bisschen Verstande nicht weit kommen.« Das Schneiderlein ließ sich aber nicht irremachen und sagte, es hätte einmal seinen Kopf darauf gesetzt und wollte sich schon helfen, und ging dahin, als wäre die ganze Welt sein. Da meldeten sich alle drei bei der Prinzessin und sagten, sie sollte ihnen ihre Rätsel vorlegen: es wären die rechten Leute angekommen, die hätten einen feinen Verstand, dass man ihn wohl in eine Nadel fädeln könnte.

Das Märchen vergleicht das Schneiderhandwerk mit den menschlichen Verstandeskräften. Wie Nadel und Faden einen Stoff zusammenfügen, verbindet unser Denken die einzelnen Wahrnehmungen. Die ersten beiden Schneider bilden sich ein, diese Kunst in hervorragender Weise zu beherrschen – der jüngste Schneider versteht sein Handwerk auf andere Art.

Im Gegensatz zur Prinzessin, die für die unbewussten Seelenkräfte steht, symbolisieren die Schneider die menschlichen Bewusstseinskräfte (»die Qualität des männlichen und weiblichen Prinzips«). Sie werden jetzt genauer charakterisiert.

Da sprach die Prinzessin: »Ich habe zweierlei Haar auf dem Kopf, von was für Farben ist das?« »Wenn's weiter nichts ist«, sagte er erste, »es wird schwarz und weiß sein, wie Tuch, das man Kümmel und Salz nennt.« Die Prinzessin sprach: »Falsch geraten, antworte der zweite.« Da sagte der zweite: »Ist's nicht schwarz und weiß, so ist's braun und rot, wie meines Herrn Vaters Bratenrock.« »Falsch geraten«, sagte die Prinzessin, »antworte der dritte, dem seh ich's an, der weiß es sicherlich.«

Im Grunde ist offensichtlich, dass die Prinzessin nicht nach ihrer äußeren Haarfarbe fragt, und trotzdem fassen die beiden älteren Freier das Rätsel in diesem Sinne auf. Mit der Antwort des ersten Schneiders wird dessen schablonenhaftes »Schwarz-Weiß-Denken« offenkundig. Nicht weniger oberflächlich versucht der zweite eine Lösung nach dem Ausschlussprinzip: Wenn es dies nicht ist, so muss es jenes sein! Beide Schneider können vielleicht einen Gedanken nadelspitzengleich auf den Punkt bringen, am inneren Wesen der Sache gehen sie dennoch vollständig vorbei. Dieses Denken gleicht dem der heutigen Zeit, in welcher die abstrakte Intelligenz eine wissenschaftliche Siegesrunde nach der nächsten läuft. Obgleich man auch hier glaubt, man hätte »den feinsten Stich getan«, so hat man im Grunde gar nichts Wesentliches erfasst. Man bleibt bei Äußerlichkeiten stehen.

Jeder Mensch trägt die Denkungsart dieser älteren Schneider bis zu einem gewissen Grade in sich. Als »Kinder unserer Zeit« werden wir wie selbstverständlich von ihr beeinflusst. Mit dem dritten Schneider finden wir nun eine ganz andere Denkungsart charakterisiert.

Da trat das Schneiderlein keck hervor und sprach: »Die Prinzessin hat ein silbernes und ein goldenes Haar auf dem Kopf, und das sind die zweierlei Farben.« Wie die Prinzessin das hörte, ward sie blass und wäre vor Schrecken beinah hingefallen, denn das Schneiderlein hatte es getroffen, und sie hatte fest geglaubt, das würde kein Mensch auf der Welt herausbringen.

Der dritte Schneider ist der Jüngste. Ob ein Mensch sich innerlich jung oder alt fühlt, ist nicht abhängig von der Anzahl seiner Erdenjahre. Eine junge Seele trägt die Kraft zu lebendigen und schmiegsamen Vorstellungen in sich, während ein Mensch sich alt empfindet, wenn er spürt, dass die Welt sich bewegt hat, aber seine Begriffe von ihr starr und unbeweglich geblieben sind. Das junge Schneiderlein vermag mit seinem Denken tiefer einzudringen und wie *von innen heraus* die Frage zu beantworten: *»Die Prinzessin hat ein silbernes und ein goldenes Haar auf dem Kopf.«* Diese Antwort spricht rein in Qualitäten. Der Mond trägt den Glanz des Silbers und im Golde spiegelt sich das Licht der Sonne. Als Wächter über Tag und Nacht sind sie grundverschieden – und doch ergeben sie nur gemeinsam einen vollständigen Tag.

Folgende Qualitätsreihen bilden sich:

Prinzessin – weibliches Prinzip – das Unbewusste – Mond – Silber
Schneider – männliches Prinzip – das Bewusste – Sonne – Gold

Gemeint ist die Menschenseele, die beide Prinzipien vereint. Wir tragen sowohl die Prinzessin als auch die Schneider in uns. Sie sind Bilder der nach Selbsterkenntnis strebenden Seele. *Aus dem Unbewussten des Menschen (Prinzessin) drängt der Impuls: »Ergründe mich und löse mein Rätsel!« Als Träger des Bewusstseins muss das Schneiderlein diese Selbsterkenntnis leisten.* Beim Bären wird sich zeigen, ob es der Prinzessin ebenbürtig ist.

Als ihr das Herz wieder kam, sprach sie: »Damit hast du mich noch nicht gewonnen, du musst noch eins tun, unten im Stall liegt ein

Bär, bei dem sollst du die Nacht zubringen; wenn ich dann morgen aufstehe und du bist noch lebendig, so sollst du mich heiraten.« Sie dachte aber, damit wollte sie das Schneiderlein loswerden, denn der Bär hatte noch keinen Menschen lebendig gelassen, der ihm unter die Tatzen gekommen war. Das Schneiderlein ließ sich nicht abschrecken, war ganz vergnügt und sprach: »Frisch gewagt ist halb gewonnen.«

Wir kennen den Bären als einen behäbigen Genossen. Seine Bewegungen sind langsam, obwohl er auch recht schnell laufen kann. Wie der Affe und der Mensch, ist auch der Bär ein Sohlengänger (d. h. er tritt mit dem ganzen Fuß auf). Diese Fußstellung ermöglicht es ihm, auf seinen Hinterbeinen aufrecht stehen zu können. Das Klettern auf Bäume ist für die meisten ausgewachsenen Bären aufgrund ihres Gewichtes nicht mehr möglich. Sie leben in der Regel einzelgängerisch und gelten vorwiegend als dämmerungs- oder nachtaktiv. Der Bär hat einen hervorragenden Geruchssinn, während jedoch seine kleinen Augen an Schärfe dahinter zurückstehen.

Mit den Eigenschaften des Bären charakterisiert das Märchen den Gegenstand der Selbsterkenntnis genauer: behäbig, kurzsichtig und nachtaktiv. Dies sind unsere *Gewohnheiten*. Solange man sie nicht stört, sind sie relativ harmlos. Will man jedoch einer schlechten Gewohnheit zu Leibe rücken, erfährt man schnell, wie bärenstark sie ist. Andererseits könnten wir im Leben ohne sie gar nicht sinnvoll zurechtkommen. Indem Gewohnheiten als Automatismen wie von selbst ablaufen, hat unser Bewusstsein zugleich die Möglichkeit, sich auf wesentlichere Dinge zu konzentrieren. Würde man Gewohnheiten jedoch für eine Randerscheinung des Seelenlebens halten, so irrte man sich. Sie durchziehen in elementarer Art unser Denken, Fühlen und Wollen. Alle drei Ebenen werden im Märchen beleuchtet, und dafür muss das Schneiderlein eine Nacht hinunter zum Bären in den Stall.

Als nun der Abend kam, ward mein Schneiderlein hinunter zum Bären gebracht. Der Bär wollt auch gleich auf den kleinen Kerl los und ihm mit seiner Tatze einen guten Willkommen geben. »Sachte, sachte«, sprach das Schneiderlein, »ich will dich schon zur Ruhe bringen.« Da holte es ganz gemächlich, als hätt es keine Sorgen, welsche Nüsse aus der Tasche, biss sie auf und aß die Kerne. Wie der Bär das sah, kriegte er Lust und wollte auch Nüsse haben. Das Schneiderlein griff in die Tasche und reichte ihm eine Handvoll; es waren aber keine Nüsse, sondern Wackersteine. Der Bär steckte sie ins Maul, konnte aber nichts aufbringen, er mochte beißen, wie er wollte. »Ei«, dachte er, »was bist du für ein dummer Klotz! Kannst nicht einmal die Nüsse aufbeißen«, und sprach zum Schneiderlein: »Mein, beiß mir die Nüsse auf.« »Da siehst du, was du für ein Kerl bist«, sprach das Schneiderlein, »hast so ein großes Maul und kannst die kleine Nuss nicht aufbeißen.« Da nahm es die Steine, war hurtig, steckte dafür eine Nuss in den Mund, und knack, war sie entzwei. »Ich muss das Ding noch einmal probieren«, sprach der Bär, »wenn ich's so ansehe, ich mein, ich müsst's auch können.« Da gab ihm das Schneiderlein abermals Wackersteine, und der Bär arbeitete und biss aus allen Leibeskräften hinein. Aber du glaubst auch nicht, dass er sie aufgebracht hat.

Als das junge Schneiderlein den gefährlichen Bären im Stall sieht, ist es keineswegs eingeschüchtert. Im Gegenteil, es beginnt, in aller Seelenruhe Nüsse zu knacken. Hat man einmal ein richtig schweres Problem gelöst, so heißt es, man habe eine harte Nuss geknackt. Mit der Nuss wird auf das *Denken* und dessen Gewohnheiten verwiesen. Man versuche einmal, jemandem gegen seine Denkgewohnheiten etwas klar zu machen! Es ist nahezu unmöglich. Eine Denkgewohnheit springt wie die Grammophonnadel eines Plattenspielers immer sofort in die vorgezeichnete Bahn. Auch die Anzahl der Erklärungsversuche ändert dabei in der Regel nichts. Die Begriffe sind starr. Man beißt nicht nur auf eine Nuss, sondern geradezu auf Granit. Solche starren Denkgewohnheiten nimmt man naturgemäß bei den anderen Menschen viel leichter wahr als bei sich selbst.

Wie das vorbei war, holte das Schneiderlein eine Violine unter dem Rock hervor und spielte sich ein Stückchen darauf. Als der Bär die Musik vernahm, konnte er es nicht lassen und fing an zu tanzen, und als er ein Weilchen getanzt hatte, gefiel ihm das Ding so wohl, dass er zum Schneiderlein sprach: »Hör, ist das Geigen schwer?« »Kinderleicht, siehst du, mit der Linken leg ich die Finger auf, und mit der Rechten streich ich mit dem Bogen drauflos, da geht's lustig, hopsasa, vivallalera!«

Die Musik ergreift den Menschen zunächst im *Fühlen*. Der Bär beginnt zu tanzen.* Aber auch hierin ist er nicht frei. Auf der einen Seite zieht ihn die Musik magisch an und auf der anderen muss er seine Eigenbewegung dem Rhythmus und dem Takt des Schneiderleins anpassen. Im Grunde möchte der Bär jedoch unabhängig sein und so fragt er das Schneiderlein, ob auch er das Geigen erlernen könne. Wenn wir unser Gefühlsleben hiermit vergleichen, so stellen wir fest, dass dieses ebenso machtvoll von einer Gewohnheit beeinflusst wird. Das ist unser Temperament. Im Cholerischen lebt es sich heftig und intensiv, im Phlegmatischen ruhig und beschaulich, im Melancholischen tief und tragisch und im Sanguinischen leicht und wechselhaft aus. Jeder Mensch neigt in eine dieser Richtungen. Das Temperament zu verwandeln dürfte dem Menschen allerdings genauso schwer fallen, wie dem Bären das Geigenspiel. Das Schneiderlein hingegen spielt auf seiner Geige die »Tonleiter der Temperamente« lustig herauf und herunter: Da geht es »hopsasa, viverallala«.

»So geigen«, sprach der Bär, »das möcht ich auch verstehen, damit ich tanzen könnte, sooft ich Lust hätte. Was meinst du dazu? Willst du mir Unterricht darin geben?« »Von Herzen gern«, sagte das Schneiderlein, »wenn du Geschick dazu hast. Aber weis einmal deine Tatzen her, die sind gewaltig lang, ich muss dir die Nägel ein wenig abschneiden.« Da ward ein Schraubstock herbeigeholt, und der Bär legte seine Tatzen darauf, das Schneiderlein aber schraubte sie fest und sprach: »Nun warte, bis ich mit der Schere komme«,

ließ den Bären brummen, soviel er wollte, legte sich in die Ecke auf ein Bund Stroh und schlief ein. Die Prinzessin, als sie am Abend den Bären so gewaltig brummen hörte, glaubte nicht anders, als er brummte vor Freuden und hätte dem Schneider den Garaus gemacht.

Als letztes nun werden die Tatzen des Bären eingespannt. Die Gliedmaßen bezeichnen die *Willens*ebene. Dies ist das Feld der äußerlich-sichtbaren Gewohnheiten: Wann putzt man seine Zähne oder wohin legt man abends seine Armbanduhr? Das Schneiderlein hat auch diesen Bereich schnell im Griff. Zwar brummt der Bär vor Unmut, doch ist er nun endgültig bezwungen. Der Schneider hat somit bewiesen, dass er Herr seiner Gewohnheiten im Denken, Fühlen und Wollen ist. Nun darf er sich schlafen legen.

Am Morgen stand sie ganz unbesorgt und vergnügt auf, wie sie aber nach dem Stall guckt, so steht das Schneiderlein ganz munter davor und ist gesund wie ein Fisch im Wasser. Da konnte sie nun kein Wort mehr dagegen sagen, weil sie's öffentlich versprochen hatte, und der König ließ einen Wagen kommen, darin musste sie mit dem Schneiderlein zur Kirche fahren, und sollte sie da vermählt werden. Wie sie eingestiegen waren, gingen die beiden andern Schneider, die ein falsches Herz hatten und ihm sein Glück nicht gönnten, in den Stall und schraubten den Bären los. Der Bär in voller Wut rannte hinter dem Wagen her. Die Prinzessin hörte ihn schnauben und brummen; es ward ihr angst, und sie rief: »Ach, der Bär ist hinter uns und will dich holen.« Das Schneiderlein war fix, stellte sich auf den Kopf, streckte die Beine zum Fenster hinaus und rief: »Siehst du den Schraubstock? Wenn du nicht gehst, so sollst du wieder hinein.« Wie der Bär das sah, drehte er um und lief fort. Mein Schneiderlein fuhr da ruhig in die Kirche, und die Prinzessin ward ihm an die Hand getraut, und lebte er mit ihr vergnügt wie eine Heidlerche. Wer's nicht glaubt, bezahlt einen Taler.

Wer einmal versucht hat, eine schlechte Gewohnheit bewusst in eine sinnvolle umzuwandeln, der weiß, was für eine Anstrengung dies kostet. Wer hingegen immer wieder an Gewohnheiten übt und schleift, der kann sich mit dem Schneiderlein vergleichen, das nun die Prinzessin heiraten darf. Der Bärenstall ist ein Ort reicher Selbsterkenntnis. Allerdings bleiben die mühsam ausgebildeten Gewohnheiten nicht immer an Ort und Stelle. Diese Tatsache steckt im Bild des Bären, der nun wieder hinter dem Schneiderlein her rennt. Es reagiert jedoch geistesgegenwärtig und verweist Meister Petz sehr akrobatisch auf seinen Platz.

Verdichtung

Auch in diesem Märchen geht es um Selbsterkenntnis. Dazu muss sich der Mensch in den »Stall des Bären« wagen. Nachdem nur das jüngste Schneiderlein das Rätsel hat lösen können, lässt die Prinzessin es hinunter zu dem gefährlichen Tier bringen. Mit dem Bären begegnet der Mensch seinen Gewohnheiten im Denken, Fühlen und Handeln. Hier wird sich herausstellen, ob er in der Lage ist, ihnen einen sinnvollen Platz zuzuweisen oder ob sie ihrerseits vielmehr den Menschen am Zügel führen. Im Märchen erweist sich das Schneiderlein als Herr über den Bären und kann daher den Stall lebendig verlassen. Nun darf es die Prinzessin heiraten. Im sinnvollen Ausbilden von Gewohnheiten werden die ICH-Kräfte des Menschen stärker und damit sein Tun kraftvoller.

Das Tanzen liegt nicht in der Natur des Bären. Die so genannten »Tanzbären« stellte man auf eine heiße Eisenplatte, so dass sie wegen der Hitze abwechselnd die Füße heben mussten, um sich nicht allzu sehr zu verbrennen. Dazu spielte man Musik. Für den Bären sind solche Erlebnisse derart schmerzhaft, dass er später die Füße schon hebt, wenn er nur die Musik hört.

Aschenputtel

Einem reichen Manne, dem wurde seine Frau krank, und als sie fühlte, dass ihr Ende herankam, rief sie ihr einziges Töchterlein zu sich ans Bett und sprach: »Liebes Kind, bleib fromm und gut, so wird dir der liebe Gott immer beistehen, und ich will vom Himmel auf dich herabblicken und will um dich sein.« Darauf tat sie die Augen zu und verschied. Das Mädchen ging jeden Tag hinaus zu dem Grabe der Mutter und weinte und blieb fromm und gut. Als der Winter kam, deckte der Schnee ein weißes Tüchlein auf das Grab, und als die Sonne im Frühjahr es wieder herabgezogen hatte, nahm sich der Mann eine andere Frau. Die Frau hatte zwei Töchter mit ins Haus gebracht, die schön und weiß von Angesicht waren, aber garstig und schwarz von Herzen. Da ging eine schlimme Zeit für das arme Stiefkind an. »Soll die dumme Gans bei uns in der Stube sitzen!«, sprachen sie. »Wer Brot essen will, muss es verdienen: hinaus mit der Küchenmagd.« Sie nahmen ihm seine schönen Kleider weg, zogen ihm einen grauen alten Kittel an und gaben ihm hölzerne Schuhe. »Seht einmal die stolze Prinzessin, wie sie geputzt ist!«, riefen sie, lachten und führten es in die Küche. Da musste es von Morgen bis Abend schwere Arbeit tun, früh vor Tag aufstehn, Wasser tragen, Feuer anmachen, kochen und waschen. Obendrein taten ihm die Schwestern alles ersinnliche Herzeleid an, verspotteten es und schütteten ihm die Erbsen und Linsen in die Asche, so dass es sitzen und sie wieder auslesen musste. Abends, wenn es sich müde gearbeitet hatte, kam es in kein Bett, sondern musste sich neben den Herd in die Asche legen. Und weil es darum immer staubig und schmutzig aussah, nannten sie es Aschenputtel.

Nach dem Tod der Mutter scheint sich für Aschenputtel ein Unglück nach dem nächsten zu ereignen. Sie wird drangsaliert und erniedrigt, sodass sie sich zum Schlafen sogar in die Asche legen muss. Wer verspürt hier kein Mitleid für Aschenputtel und Zorn gegenüber den Stiefschwestern? Die Bilder dieses Märchens erzählen jedoch nicht von einer fremden Begebenheit, sondern sie beschreiben Vorgänge in unserer eigenen Seele.

Obwohl Aschenputtels Mutter früh stirbt, bleibt sie mit ihrer Tochter innerlich eng verbunden. Als nun der Winter vorüber ist, nimmt sich der Vater eine neue Frau. Wie ein Spiegelbild tritt die Stiefmutter mit ihren beiden Töchtern in das Märchen hinein.

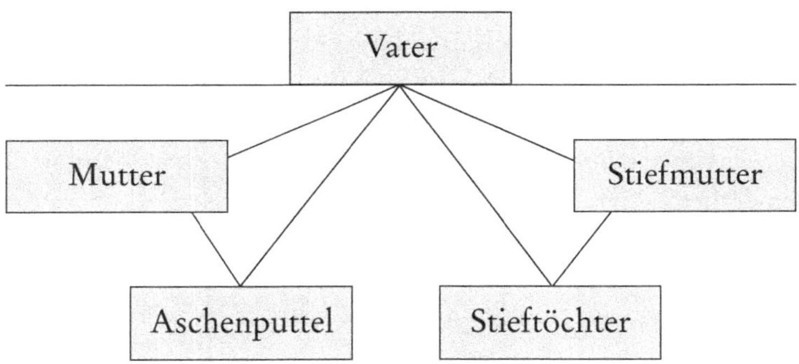

Der Punkt, an dem sich Mütter und Töchter spiegeln, ist der Vater. Betrachten wir die Ebene der Mütter genauer: Aschenputtels Mutter tritt nach ihrem Tod nur noch indirekt in Erscheinung. Sie wirkt ganz aus dem Verborgenen. Die Stiefmutter hingeben handelt immer im Sichtbaren. Die beiden Frauen repräsentieren zwei mütterliche Prinzipien, die mit ihren Eigenschaften *zum Symbol der geistigen und der materiellen Welt* werden. Gehen wir noch einen Schritt weiter, so können wir feststellen, dass der Mensch im übertragenen Sinn tatsächlich von beiden Müttern geboren wird: Den übersinnlichen Welten entstammt er als geistiges Wesen, von »der Mutter Erde« erhält er seinen Körper. Der Mensch ist Bürger zweier Welten.

Die Impulse der Mütter wirken in ihren Kindern weiter. *Aschenputtel und die Stiefschwestern symbolisieren zwei Seelenhaltungen, mit denen wir der Welt begegnen können: in der einen leben wir in Aktivität und Regsamkeit, in der anderen überlassen wir uns der Passivität.* Beide Haltungen tragen wir fortwährend als Möglichkeiten in uns. Wir würden uns sehr täuschen, wenn wir annähmen, dass die Stiefschwestern nicht in uns lebendig wären.

Es steht dem Menschen frei, mit welcher der beiden Seelenhaltungen er der Welt begegnet. Im Märchen ermöglicht der Vater diese Freiheit. *Sind mit den beiden Müttern die geistige und die physische Welt symbolisiert, so werden vom Vater beide Sphären umschlossen. Er ist der Weltengrund, in dem sich alles geistige und materielle Sein spiegelt.* Überfluss ist das Prinzip allen Lebens und jeder Mensch kann aus dem Reichtum dieses Urgrundes schöpfen. Andererseits kann man sich aber auch für Passivität und Stagnation entscheiden. Aus diesem Grund unternimmt der Vater nichts, um seine leibliche Tochter vor den Stiefschwestern in Schutz zu nehmen. Wenn wir ihre Gemeinheiten näher untersuchen, so enthüllen sie ihre wirkliche Bedeutung erst, wenn man sie nicht im Licht der Boshaftigkeit, sondern aus der Qualität des Bildes zu betrachten versucht. Dreierlei kann hier unterschieden werden.

- Nehmen wir zunächst Aschenputtels Tätigsein. Warum muss sie die schwere Arbeit tun? *Regsamkeit* ist ein tiefes Grundbedürfnis der menschlichen Seele. Es gibt kaum etwas Schlimmeres, als zu Untätigkeit verdammt zu sein. Mit dem Bild der harten Arbeit, die Aschenputtel verrichten muss, symbolisiert das Märchen das lebendige Streben einer Seele. Die Stiefschwestern dagegen ziehen es vor, in Passivität zu verharren.
- Auch seine schönen Kleider muss Aschenputtel ablegen. Fortan wird es gezwungen, einen alten grauen Kittel und Holzschuhe zu tragen. Im Ablegen der schönen Kleider tritt das Äußere, will heißen das Unwesentliche, in den Hintergrund. Mit dieser Seelenhaltung schärft sich der *Blick für das Lebendig-Wesenhafte.* Die Stiefschwestern hingegen richten ihre Sinne ganz auf die äußeren Dinge.

- Aschenputtels Demütigung erfährt ihren Höhepunkt, als sie sich zum Schlafen in die Asche legen muss. Auch dieses Motiv kann uns nur auf der Seelenebene verständlich werden. Die Asche ist der letzte Zeuge eines einstmals lodernden Feuers. Stoffliches ging über in Licht und Wärme. Damit wird das Feuer zum Symbol der Transformation. Jede Nacht tragen wir mit dem Schlaf unsere Seeleneindrücke des Tages in die geistige Welt hinauf. In dieser Sphäre herrscht Wandel, schöpferische Regsamkeit, fortwährende Veränderung. Verlegt das Märchen den Schlafplatz von Aschenputtel in die Asche, so deutet dies darauf hin, dass wir damit *der Sphäre des Geistigen sehr nahe sind.*

Wie kann man aber den erniedrigenden Hochmut verstehen, mit dem die Stiefschwestern Aschenputtel behandeln? Wenn wir die Welt betrachten, so tritt sie dem strebenden Menschen mit einem ähnlichen »Hochmut« entgegen. Sie will ihn glauben machen, dass »richtiges Glück« ausschließlich durch sie zu erreichen sei. Ihre Mittel liegen in der Verlockung scheinbar ewiger Jugendlichkeit, Schönheit und Macht.

Es trug sich zu, dass der Vater einmal in die Messe ziehen wollte, da fragte er die beiden Stieftöchter, was er ihnen mitbringen sollte. »Schöne Kleider«, sagte die eine, »Perlen und Edelsteine« die zweite. »Aber du, Aschenputtel«, sprach er, »was willst du haben?« »Vater, das erste Reis, das Euch auf Eurem Heimweg an den Hut stößt, das brecht für mich ab.« Er kaufte nun für die beiden Stiefschwestern schöne Kleider, Perlen und Edelsteine, und auf dem Rückweg, als er durch einen grünen Busch ritt, streifte ihn ein Haselreis und stieß ihm den Hut ab. Da brach er das Reis ab und nahm es mit. Als er nach Haus kam, gab er den Stieftöchtern, was sie sich gewünscht hatten, und dem Aschenputtel gab er das Reis von dem Haselbusch. Aschenputtel dankte ihm, ging zu seiner Mutter Grab und pflanzte das Reis darauf und weinte so sehr, dass die Tränen darauf niederfielen und es begossen. Es wuchs aber und ward ein schöner Baum. Aschenputtel ging alle Tage dreimal darunter, weinte und betete, und allemal kam ein weißes Vöglein auf den Baum, und wenn es einen Wunsch aussprach, so warf ihm das Vöglein herab, was es sich gewünscht hatte.

Am Anfang des Märchens heißt es, dass der Vater ein reicher Kaufmann ist. In diesem Berufsstand bestimmen die Wünsche der Kunden den Einkauf der Ware. Die persönlichen Vorlieben des Kaufmannes spielen dabei keine Rolle. Auch der Vater im Märchen bewertet die Wünsche seiner Töchter nicht. Wenn wir von unserer Perspektive aus den Weltengrund betrachten, so beeinflusst er den Menschen ebenso wenig in der Wahl seines Strebens. Die Stieftöchter erbitten sich Edelsteine, Perlen und Kleider und entscheiden sich damit für Äußerlichkeiten. Aschenputtel möchte vom Vater nur ein Haselreis. Fast alle alten Kulturvölker des Abendlandes haben den Haselstrauch in seiner Beziehung zum Übersinnlichen gesehen. Schon im frühen Altertum galt er als Sinnbild der Unsterblichkeit. Auch Rutengänger bevorzugen ihn, um Erze oder Wasseradern zu suchen. In diesem Märchen dient der Haselzweig als Brücke zum Übersinnlichen. Aschenputtel pflanzt ihn auf das Grab der Mutter. Als ein großer Haselstrauch daraus geworden ist, erscheint ein weißes Vögelchen. In dieser Gestalt wirkt Aschenputtels Mutter aus dem Geistigen in die physische Welt hinein (»die Qualität der weißen Farbe«).

Es begab sich aber, dass der König ein Fest anstellte, das drei Tage dauern sollte und wozu alle schönen Jungfrauen im Lande eingeladen wurden, damit sich sein Sohn eine Braut aussuchen möchte. Die zwei Stiefschwestern, als sie hörten, dass sie auch dabei erscheinen sollten, waren guter Dinge, riefen Aschenputtel und sprachen: »Kämm uns die Haare, bürste uns die Schuhe und mache uns die Schnallen fest, wir gehen zur Hochzeit auf des Königs Schloss.« Aschenputtel gehorchte, weinte aber, weil es auch gern zum Tanz mitgegangen wäre, und bat die Stiefmutter, sie möchte es ihm er-

lauben. »Du, Aschenputtel«, sprach sie, »bist voll Staub und Schmutz und willst zur Hochzeit? Du hast keine Kleider und Schuhe und willst tanzen!« Als es aber mit Bitten anhielt, sprach sie endlich: »Da habe ich dir eine Schüssel Linsen in die Asche geschüttet, wenn du die Linsen in zwei Stunden wieder ausgelesen hast, so sollst du mitgehen.« Das Mädchen ging durch die Hintertüre nach dem Garten und rief: »Ihr zahmen Täubchen, ihr Turteltäubchen, all ihr Vöglein unter dem Himmel, kommt und helft mir lesen, die guten ins Töpfchen, die schlechten ins Kröpfchen.« Da kamen zum Küchenfenster zwei weiße Täubchen herein und danach die Turteltäubchen, und endlich schwirrten und schwärmten alle Vöglein unter dem Himmel herein und ließen sich um die Asche nieder. Und die Täubchen nickten mit den Köpfchen und fingen an pick, pick, pick, pick, und da fingen die übrigen auch an pick, pick, pick, pick und lasen alle guten Körnlein in die Schüssel. Kaum war eine Stunde herum, so waren sie schon fertig und flogen alle wieder hinaus. Da brachte das Mädchen die Schüssel der Stiefmutter, freute sich und glaubte, es dürfte nun mit auf die Hochzeit gehen. Aber sie sprach: »Nein, Aschenputtel, du hast keine Kleider und kannst nicht tanzen: du wirst nur ausgelacht.« Als es nun weinte, sprach sie: »Wenn du mir zwei Schüsseln voll Linsen in einer Stunde aus der Asche rein lesen kannst, so sollst du mitgehen«, und dachte: »Das kann es ja nimmermehr.« Als sie die zwei Schüsseln Linsen in die Asche geschüttet hatte, ging das Mädchen durch die Hintertüre nach dem Garten und rief: »Ihr zahmen Täubchen, ihr Turteltäubchen, all ihr Vöglein unter dem Himmel, kommt und helft mir lesen, die guten ins Töpfchen, die schlechten ins Kröpfchen.« Da kamen zum Küchenfenster zwei weiße Täubchen herein und danach die Turteltäubchen, und endlich schwirrten und schwärmten alle Vöglein unter dem Himmel herein und ließen sich um die Asche nieder. Und die Täubchen nickten mit ihren Köpfchen und fingen an pick, pick, pick, pick, und da fingen die übrigen auch an pick, pick, pick, pick und lasen alle guten Körner in die Schüsseln. Und eh eine halbe Stunde herum war, waren sie schon fertig und flogen alle wieder hinaus. Da trug das Mädchen die Schüsseln zu der Stiefmutter, freute sich und glaubte, nun dürfte es mit auf die Hochzeit gehen. Aber sie sprach: »Es hilft dir alles nichts: du kommst nicht mit, denn du hast keine Kleider und kannst nicht tanzen; wir müssten uns deiner schämen.« Darauf kehrte sie ihm den Rücken zu und eilte mit ihren zwei stolzen Töchtern fort.

In manchen Landstrichen gab es am Neujahrstag den Brauch, Linsensuppe zu essen. Damit war der Wunsch verbunden, dass großer Reichtum über das Haus kommen möge. In dem Märchen werden die Linsen zum Bild geistigen Reichtums.

»Die guten ins Töpfchen, die schlechten ins Kröpfchen.«, heißt es. Indem der Mensch auf der Erde durch die Erfahrung von Irrtum und Täuschung geht, entwickelt er die moralische Kraft, das »Rechte vom Schlechten« zu unterscheiden. Warum müssen aber die Linsen ausgerechnet in die Asche? Die Asche steht für das Allerphysischste. Wenn man bereit ist, das Geistige tief im Materiellen zu suchen, zieht diese Haltung gleichsam die Hilfe der übersinnlichen Welten an. Zwei weiße Tauben und alle Vögel des Himmels fliegen herbei, um Aschenputtel zu helfen. Obwohl die Bewältigung der gestellten Aufgabe eigentlich unmöglich erscheint, ist das Mädchen jedes Mal in der Hälfte der Zeit fertig. Die Stiefmutter hingegen bricht zweimal ihr Wort. Ebenso wenig hält die irdische Welt ihr Versprechen, die tieferen Bedürfnisse des Menschen zu befriedigen.

Als nun niemand mehr daheim war, ging Aschenputtel zu seiner Mutter Grab unter den Haselbaum und rief: »Bäumchen, rüttel dich und schüttel dich, wirf Gold und Silber über mich.« Da warf ihm der Vogel ein golden und silbern Kleid herunter und mit Seide und Silber ausgestickte Pantoffeln. In aller Eile zog es das Kleid an und ging zur Hochzeit. Seine Schwestern aber und die Stiefmutter kannten es nicht und meinten, es müsste eine fremde Königstochter sein, so schön sah es in dem goldenen Kleide aus. An Aschenputtel dachten sie gar nicht und dachten, es säße daheim im Schmutz und suchte die Linsen aus der Asche. Der Königssohn kam ihm entgegen, nahm es bei der Hand und tanzte mit ihm. Er wollte auch mit sonst niemand tanzen, also dass er ihm die Hand nicht losließ, und wenn ein anderer kam, es aufzufordern, sprach er: »Das ist meine Tänzerin.« Es tanzte, bis es Abend war, da wollte es nach Haus gehen. Der Königssohn aber sprach: »Ich gehe mit und begleite dich«, denn er wollte sehen, wem das schöne Mädchen angehörte. Sie entwischte ihm aber und sprang in das Taubenhaus. Nun wartete der Königssohn, bis der Vater kam, und sagte ihm, das fremde Mädchen war in das Taubenhaus gesprungen. Der Alte dachte: »Sollte es Aschenputtel sein«, und sie mussten ihm Axt und Hacken bringen, damit er das Taubenhaus entzweischlagen konnte; aber es war niemand darin. Und als sie ins Haus kamen, lag Aschenputtel in seinen schmutzigen Kleidern in der Asche, und ein trübes Öllämpchen brannte im Schornstein; denn Aschenputtel war geschwind aus dem Taubenhaus hinten herabgesprungen und war zu dem Haselbäumchen gelaufen: da hatte es die schönen Kleider abgezogen und aufs Grab gelegt, und der Vogel hatte sie wieder weggenommen, und dann hatte es sich in seinem grauen Kittelchen in die Küche zur Asche gesetzt.

Der erste Teil des Märchens führt uns vor Augen, dass der Mensch immer die Wahl zwischen zwei Seelenhaltungen hat. Eindrücklich werden sie mit Aschenputtel und den Stiefschwestern charakterisiert. Der zweite Teil setzt diese Seelenhaltungen in ein Verhältnis zum erkennenden Menschen.

Aschenputtel ist nicht wirklich von der Erlaubnis der Stiefmutter abhängig. Am Grabe ihrer Mutter bekommt sie ein Kleid, durch welches die ganze Schönheit ihres inneren Wesens offenbar wird. Sein Strahlen ist von anderer Qualität als das Glitzern der Perlen und Edelsteine ihrer Stiefschwestern. Als nun Aschenputtel auf dem Ball erscheint, weiß der Königssohn im selben Augenblick, dass sie die Richtige ist. Als hätte er nur auf ihr Erscheinen gewartet, kommt er Aschenputtel entgegen und weicht nicht mehr von ihrer Seite.

Bemerkenswerterweise zeigt Aschenputtel ihre wahre Natur jedoch immer nur im Beisammensein mit dem Königssohn. Ohne ihn ist sie sofort wieder das schmutzig-graue Mädchen, das im Lichte einer schwachen Öllampe in der Asche hockt. Wodurch wird diese Verwandlung bewirkt?

Der Königssohn symbolisiert die Seelenfähigkeit unseres Denkens. Als erkennende Wesen können wir uns bewusst für eine der beiden Haltungen entscheiden. Betrachten wir diese mit dem notwendigen Abstand, so ist es offensichtlich, dass niemand ernsthaft den Zustand der Langeweile, Oberflächlichkeit und inneren Leere erstreben wird. Das sind die Qualitäten der Stiefschwestern.

Ohne zu zögern trifft der Königssohn mit Aschenputtel seine Wahl. In zweierlei Hinsicht geschieht nun etwas Überraschendes: Anstatt sich in der Vorfreude ihrer Erwählung vom Königssohn nach Hause bringen zu lassen, rennt Aschenputtel nach diesen wunderbaren Abenden einfach jedes Mal fort. Ebenso erstaunlich ist es, dass der Königssohn sie daran auch nicht zu hindern vermag. Was verbirgt sich in diesem Bild? Übertragen wir es auf die Seelenebene. Möchte der Mensch im Sinne Aschenputtels innerlich regsam nach dem Kern der Dinge streben, so gelingt dies häufig nur kurzzeitig. Auch ihm entgleitet diese Seelenhaltung immer wieder. Es stellt sich die Frage, ob sie sich trotzdem zu einer Art Seelengewohnheit machen lässt. Die Haltung der Stiefschwestern einzunehmen, bereitet uns hingegen keinerlei Schwierigkeiten. Sie wären dem Königssohn auch sicher nicht fortgelaufen.

Das Märchen beschreibt jetzt in wunderbaren Bildern einen Übungsweg der menschlichen Seele: Aschenputtel entwischt dem Königssohn über das Taubenhaus, den Birnbaum und die Treppe. *In ihnen wird unser Denken, Fühlen und Wollen symbolisiert.* Um die Aschenputtelhaltung zu einer Seelengewohnheit auszubilden, müssen wir diese Fähigkeiten schulen. Betrachten wir die Bilder nacheinander:

Die Bedeutung des Taubenhauses wird erlebbar, wenn man sich einmal fünf Minuten hinsetzt, um die Bewegungen der eigenen

Gedanken zu beobachten. Sie stellen sich dabei als recht flatterhaft-luftige Wesen heraus, die genauso schnell gehen, wie sie kommen. *Mit dem Taubenhaus haben wir das Symbol unserer Gedankensphäre.*

Der Vater zerschlägt dieses Häuschen, um zu sehen, ob sich Aschenputtel darinnen befindet. Äußerlich betrachtet ist eine solche Vorgehensweise nicht nur ausgesprochen aufwendig, sondern auch völlig unzweckmäßig. Das Märchen legt jedoch gar keinen Wert darauf, in diesem Sinn logisch zu sein. Vielmehr wird mit diesem Bild ein innerer Seelenprozess beschrieben: Wenn der Mensch die Bewegungen seiner Gedanken zu beherrschen versucht, so lernt er sie erst dann aus seinem Bewusstsein zu entlassen, wenn er selbst es will. Die dafür notwendige innere Kraftanstrengung symbolisiert das Märchen mit dem Zerschlagen des Taubenhauses.

Am andern Tag, als das Fest von neuem anhub und die Eltern und Stiefschwestern wieder fort waren, ging Aschenputtel zu dem Haselbaum und sprach: »Bäumchen, rüttel dich und schüttel dich, wirf Gold und Silber über mich.« Da warf der Vogel ein noch viel stolzeres Kleid herab als am vorigen Tag. Und als es mit diesem Kleide auf der Hochzeit erschien, erstaunte jedermann über seine Schönheit. Der Königssohn aber hatte gewartet, bis es kam, nahm es gleich bei der Hand und tanzte nur allein mit ihm. Wenn die andern kamen und es aufforderten, sprach er: »Das ist meine Tänzerin.« Als es nun Abend war, wollte es fort, und der Königssohn ging ihm nach und wollte sehen, in welches Haus es ging: aber es sprang ihm fort und in den Garten hinter dem Haus. Darin stand ein schöner großer Baum, an dem die herrlichsten Birnen hingen, es kletterte so behend wie ein Eichhörnchen zwischen die Äste, und der Königssohn wusste nicht, wo es hingekommen war. Er wartete aber, bis der Vater kam, und sprach zu ihm: »Das fremde Mädchen ist mir entwischt, und ich glaube, es ist auf den Birnbaum gesprungen.« Der Vater dachte: »Sollte es Aschenputtel sein«, ließ sich die Axt holen und hieb den Baum um, aber es war niemand darauf.

Und als sie in die Küche kamen, lag Aschenputtel da in der Asche, wie sonst auch, denn es war auf der andern Seite vom Baum herabgesprungen, hatte dem Vogel auf dem Haselbäumchen die schönen Kleider wieder gebracht und sein graues Kittelchen angezogen.

Die Bilder des ersten Abends wiederholen sich. Aschenputtel entwischt dieses Mal über den Birnbaum. Mit seinen Ästen greift der Baum »nach den Sternen« – mit seinen Wurzeln ins Erdreich. Er ist der Mittler zwischen beiden. Betrachten wir das Seelenleben des Menschen, so steht in seiner Mitte das Fühlen. *Das Märchen wählt den Baum als Symbol für die Gefühlsebene des Menschen.* Erneut lässt sich der Vater die Axt bringen und wiederum hätte ein kurzer Blick in die Baumkrone ausgereicht, um festzustellen, dass Aschenputtel dort nicht zu finden ist. Er aber fällt den Baum. Wie zuvor die Gedankenebene, wird jetzt auch die Gefühlsebene von dem Willenselement durchdrungen. Handeln wir wie die Stiefschwestern, dann lassen wir unseren Gefühlen freien Lauf. Nehmen wir hingegen die Haltung von Aschenputtel ein, so arbeiten wir an der Fähigkeit, unsere Gefühle angemessen zu zügeln.

Am dritten Tag, als die Eltern und Schwestern fort waren, ging Aschenputtel wieder zu seiner Mutter Grab und sprach zu dem Bäumchen: »Bäumchen, rüttel dich und schüttel dich, wirf Gold und Silber über mich.« Nun warf ihm der Vogel ein Kleid herab, das war so prächtig und glänzend, wie es noch keins gehabt hatte, die Pantoffeln waren ganz golden. Als es in dem Kleid zu der Hochzeit kam, wussten sie alle nicht, was sie vor Verwunderung sagen sollten. Der Königssohn tanzte ganz allein mit ihm, und wenn es einer aufforderte, sprach er: »Das ist meine Tänzerin.« Als es nun Abend war, wollte Aschenputtel fort, und der Königssohn wollte es begleiten, aber es entsprang ihm so geschwind, dass er nicht folgen konnte. Der Königssohn hatte aber eine List gebraucht und hatte die ganze Treppe mit Pech bestreichen lassen:

da war, als es hinabsprang, der linke Pantoffel des Mädchens hängengeblieben. Der Königssohn hob ihn auf, und er war klein und zierlich und ganz golden. Am nächsten Morgen ging er damit zu dem Mann und sagte zu ihm: »Keine andere soll meine Gemahlin werden als die, an deren Fuß dieser goldene Schuh passt.« Da freuten sich die beiden Schwestern, denn sie hatten schöne Füße. Die Älteste ging mit dem Schuh in die Kammer und wollte ihn anprobieren, und die Mutter stand dabei. Aber sie konnte mit der großen Zehe nicht hineinkommen, und der Schuh war ihr zu klein, da reichte ihr die Mutter ein Messer und sprach: »Hau die Zehe ab: wenn du Königin bist, so brauchst du nicht mehr zu Fuß zu gehen.« Das Mädchen hieb die Zehe ab, zwängte den Fuß in den Schuh, verbiss den Schmerz und ging heraus zum Königssohn. Da nahm er sie als seine Braut aufs Pferd und ritt mit ihr fort. Sie mussten aber an dem Grabe vorbei, da saßen die zwei Täubchen auf dem Haselbäumchen und riefen: »Rucke di guck, rucke di guck, Blut ist im Schuck (Schuh): der Schuck ist zu klein, die rechte Braut sitzt noch daheim.« Da blickte er auf ihren Fuß und sah, wie das Blut herausquoll. Er wendete sein Pferd um, brachte die falsche Braut wieder nach Haus und sagte, das wäre nicht die rechte, die andere Schwester sollte den Schuh anziehen. Da ging diese in die Kammer und kam mit den Zehen glücklich in den Schuh, aber die Ferse war zu groß. Da reichte ihr die Mutter ein Messer und sprach: »Hau ein Stück von der Ferse ab: wenn du Königin bist, brauchst du nicht mehr zu Fuß zu gehen.« Das Mädchen hieb ein Stück von der Ferse ab, zwängte den Fuß in den Schuh, verbiss den Schmerz und ging heraus zum Königssohn. Da nahm er sie als seine Braut aufs Pferd und ritt mit ihr fort. Als sie an dem Haselbäumchen vorbeikamen, saßen die zwei Täubchen darauf und riefen: »Rucke di guck, rucke di guck, Blut ist im Schuck: der Schuck ist zu klein, die rechte Braut sitzt noch daheim.« Er blickte nieder auf ihren Fuß und sah, wie das Blut aus dem Schuh quoll und an den weißen Strümpfen ganz rot heraufgestiegen war. Da wendete er sein Pferd und brachte die falsche Braut wieder nach Haus.

Aschenputtel entwischt wiederum. Dieses Mal lässt sie jedoch etwas zurück. *Der goldene Schuh ist Symbol des veredelten Willens.* Der Königssohn muss sich jetzt fragen, wem der Schuh gehört. Sofort drängen sich die Stiefschwestern in den Vordergrund und wollen ernten, was sie nicht gesät haben. Dabei offenbart sich die Tatsache, dass der grobe, ungeformte Wille ein anderes Maß hat als der geschulte, gleichsam geschliffene. Der zierliche Schuh passt nicht an ihre Füße. Um den Königssohn zu täuschen, schlägt die Stiefmutter ihren Töchtern vor, sich die Zehe bzw. die Ferse abzuhacken. Betrachten wir dieses Bild auf der Bewusstseinsebene, so stellen wir fest, dass die physische Welt (Stiefmutter) die Menschenseele erneut dazu verleiten will, sich dem äußeren Schein und der inneren Bequemlichkeit zu überlassen. Die Stiefschwestern folgen dem mütterlichen Rat, aber dafür färben sich Schuh und Strümpfe rot. Als der Prinz am Haselstrauch vorüber reitet, öffnen ihm die Tauben jedes Mal die Augen. Das Blut ist der physische Ausdruck des menschlichen ICH (»die Qualität des Blutes«). Wenn sich unser ICH am Übersinnlichen spiegelt, so offenbart sich unsere tatsächliche Seelenentwicklung.

»Das ist auch nicht die rechte«, sprach er, »habt Ihr keine andere Tochter?« »Nein«, sagte der Mann, »nur von meiner verstorbenen Frau ist noch ein kleines verhüttetes Aschenputtel da: das kann unmöglich die Braut sein.« Der Königssohn sprach, er sollte es heraufschicken, die Mutter aber antwortete: »Ach nein, das ist viel zu schmutzig, das darf sich nicht sehen lassen.« Er wollte es aber durchaus haben, und Aschenputtel musste gerufen werden. Da wusch es sich erst Hände und Angesicht rein, ging dann hin und neigte sich vor dem Königssohn, der ihm den goldenen Schuh reichte. Dann setzte es sich auf einen Schemel, zog den Fuß aus dem schweren Holzschuh und steckte ihn in den Pantoffel, der war wie angegossen. Und als es sich in die Höhe richtete und der König ihm ins Gesicht sah, so erkannte er das schöne Mädchen, das mit ihm getanzt hatte, und rief: »Das ist die rechte Braut!« Die Stief-

mutter und die beiden Schwestern erschraken und wurden bleich vor Ärger: er aber nahm Aschenputtel aufs Pferd und ritt mit ihm fort. Als sie an dem Haselbäumchen vorbeikamen, riefen die zwei weißen Täubchen: »Rucke di guck, rucke di guck, kein Blut im Schuck: der Schuck ist nicht zu klein, die rechte Braut, die führt er heim.« Und als sie das gerufen hatten, kamen sie beide herabgeflogen und setzten sich dem Aschenputtel auf die Schultern, eine rechts, die andere links, und blieben da sitzen.

Aschenputtel schlüpft vor den Augen der Anwesenden in den Schuh. Damit wird sie zur Braut des Königssohnes. Im Bild des Taubenhauses, des Birnbaumes und des goldenen Schuhs beschreibt uns das Märchen den Schulungsweg unserer Seelenfähigkeiten. Wenn der Mensch übt, sein Denken, Fühlen und Wollen mit seinem Willen zu durchdringen, so wird ihm die Haltung, die das Märchen mit Aschenputtel symbolisiert, zunehmend zur Seelengewohnheit.

Als die Hochzeit mit dem Königssohn sollte gehalten werden, kamen die falschen Schwestern, wollten sich einschmeicheln und teil an seinem Glück nehmen. Als die Brautleute nun zur Kirche gingen, war die Älteste zur rechten, die Jüngste zur linken Seite: da pickten die Tauben einer jeden das eine Auge aus. Hernach, als sie herausgingen, war die Älteste zur linken und die Jüngste zur rechten: da pickten die Tauben einer jeden das andere Auge aus. Und waren sie also für ihre Bosheit und Falschheit mit Blindheit auf ihr Lebtag gestraft.

Oben wurde gesagt, der Mensch sei in der Wahl seiner Seelenhaltung frei. Dies scheint das Leben täglich zu beweisen. Fasst man jedoch längere Zeiträume ins Auge, so verhält es sich anders. Jetzt tritt hervor, welche der beiden Seelenhaltungen für das Weltganze den größeren Wert hat. Damit klingt erneut das Motiv des Kaufmannes an. Auch dieser zieht unabhängig von Ein- und Ausgaben am Ende immer Bilanz.

Welches Schicksal erwartet demnach die Stiefschwestern? Sie werden für ihr Handeln mit Blindheit geschlagen. Für den Menschen stellt sich die Sache ähnlich dar: In dem Maße, wie wir uns für Passivität und Oberflächlichkeit entscheiden, wird unser Seele stumpf und blind für die wesentlichen Dinge des Lebens.

Verdichtung

Der Welt scheint es zunächst gleichgültig zu sein, mit welcher Seelenhaltung der Mensch ihr begegnet. Es ist keineswegs so, dass man zwangsläufig besser durch das Leben kommt, wenn man engagiert und aufmerksam ist. Man kann im Gegenteil manchmal sogar den Eindruck gewinnen, dass es leichter ist, wenn man sich einfach nur treiben lässt. Aschenputtel und ihre Stiefschwestern symbolisieren die beiden Seelenhaltungen, mit denen der Mensch der Welt begegnen kann. Es steht ihm frei, für welche er sich entscheidet.

Welche Haltung steht aber der Menschennatur im Grunde näher? Dieselbe Frage verbirgt sich hinter dem Bild der Brautwahl des Prinzen. Als er Aschenputtel erblickt, ist ihm unmittelbar klar, dass sie die Richtige ist. Trotzdem entwischt sie ihm immer wieder. Betrachten wir dieses Bild auf der Seelenebene, so geschieht dem Menschen etwas Ähnliches. Möchten wir im Sinne Aschenputtels innerlich regsam nach dem Kern der Dinge streben, so erleben wir oft, dass uns dies nur kurzfristig gelingt. Immer wieder entgleitet uns diese Seelenhaltung. Das Märchen beschreibt einen Schulungsweg der Seele. Das Taubenhaus, der Birnbaum und der Schuh sind Symbole für das menschliche Denken, Fühlen und Handeln. In dem Maße, wie der Mensch diese Seelenfähigkeiten mit seinem Willen durchdringt, wird die Aschenputtelhaltung zunehmend zur Seelengewohnheit. Diesen Moment kleidet das Märchen in das Bild der Vermählung. Den Stieftöchtern hingegen picken die Tauben die Augen aus. Das innere Auge des Menschen wird blind für das Wesen der Dinge, wenn er sich in der Art der Schwestern den Reizen der äußeren Erscheinung überlässt.

Einzelne Betrachtungen wesentlicher Bildmotive

Die Qualität des Königs

Zum Königtum gehören drei goldene Insignien: Krone, Reichsapfel und Zepter. Betrachten wir sie als Symbole für die menschliche Seele, so weist die Krone auf das Denken, der Reichsapfel auf das Fühlen und das Zepter auf das Wollen hin. Im Märchenkönig haben sich diese Seelentätigkeiten so sehr veredelt, dass sie den Glanz des reinen Goldes angenommen haben. Versucht der Mensch sein eigenes Denken, Fühlen und Wollen zu veredeln, so strebt er im Sinne des Märchens seinem individuellen Königtum entgegen.

Das Tragen einer Krone hat Auswirkungen auf die ganze Haltung des Menschen. Sie veranlasst ihn zu majestätischer Würde und zur Gemessenheit seiner Bewegung. Wir können diese Haltung auch an afrikanischen Frauen bemerken, welche gefüllte Tonkrüge auf ihrem Haupt tragen. Sie bewegen sich vollkommen harmonisch. Diese Harmonie entsteht aus der *Übereinstimmung* von innerer und äußerer Haltung. Übertragen wir dies auf das Gebiet der Seele, so wird Übereinstimmung zur *Authentizität.*

Kronen wurden aus sehr verschiedenen Metallen gefertigt. Bei einer Königskrone denkt man jedoch unmittelbar an Gold. Wie das Gold der *Sonne* entspricht, so wird das Haupt, auf dem die Krone sitzt, dem *Denken* zugeordnet. Führt man beide Qualitäten zusammen, so ergibt sich ein sonnenhaft-durchlichtetes Denken. Diesem entspringen die königlichen Eigenschaften *der Weisheit und Wahrheit.*

Der König herrscht und gebietet in seinem Reich. Diese Ordnung wird überhaupt nie in Frage gestellt. In all den Märchen, die den Anspruch erheben, ein Spiegelbild unserer Seele sein zu wollen, findet sich diese Ordnung. Das Element der Demokratie fehlt vollkommen. Sie ist kein Bild der Seele.

Der Märchenkönig symbolisiert das menschliche ICH. Drei Diener stehen ihm zur Seite. Diesen entspricht unser Denken, Fühlen und Wollen. Das menschliche ICH herrscht als König in dem Maße, wie es seine »Diener« zu guten Untertanen erzogen hat. Wenn wir ehrlich sind, müssen wir jedoch zugeben, dass zuweilen auch die »Bediensteten« das Zepter in die Hand nehmen und ihrerseits den König beherrschen wollen. Im Sinne des Märchens wären wir dann erst Prinzen, die der Thronbesteigung entgegenstreben. Als Könige treten wir dort auf, wo wir über die kleineren und größeren Reiche unseres Inneren *authentisch und wahrhaftig* herrschen. Hier sind wir Könner, Souverän und Autorität, legitimiert durch unsere eigene Entwicklung.

Die Qualität der Hexe

Schauen wir uns die Gestalt einer Hexe an, so hat sie einen Buckel, eine krumme Nase und ein spitzes Kinn. Ihre Finger sind lang, dürr und knöchern und ihre roten Augen kurzsichtig. Während der König die Aufrechte zum Ausdruck bringt, spiegelt sich in der Haltung der Hexe das Gebückte und Krumme wider.

Eine Hexe besitzt mächtige Zauberkräfte. Diese stehen jedoch im Dienst ihrer Heimtücke, Verlogenheit und Boshaftigkeit. Besonders in der Zeit des Mittelalters meinte man, solche Hexen verfolgen zu müssen. Wesentlich für unsere Betrachtung ist jedoch nicht, welche Fähigkeiten die so bezeichneten Frauen in Wirklichkeit hatten, sondern welche man ihnen stattdessen zuschrieb. Das einfache Volk glaubte, sie stünden mit teuflisch-übernatürlichen Kräften in Verbindung. Davor empfand es ohnmächtige Angst. Geschah in der Dorfgemeinschaft etwas unerklärlich Tragisches, so versuchte man häufig das eigene Seelengleichgewicht dadurch wiederherzustellen, dass man diesen unheimlichen Frauen einfach einen »kurzen Prozess« machte. Das Motiv dieses Handelns lag in der Angst vor dem Unerklärlichen und Unfassbaren, aber auch dem Fremden und Andersartigen.

Mit der Hexe verkörpert das Märchen die Angst des Menschen. Fühlen wir uns Situationen nicht gewachsen, so ist sie anwesend. Das starke ICH begegnet dem Fremden mit Interesse und natürlicher Neugierde – das schwache ICH reagiert hingegen mit Angst und Aggression. Darin besteht das Lebenselixier der Hexe. In dem Maße, wie die Angst uns lähmt, vermag uns die Hexe mit ihrer Zauberkraft gefangen zu halten. Sie lebt in unseren unbewussten Seelengebieten. Tritt eine Hexe auf, so bedeutet das immer Gefangenschaft. Dies gilt für jede Art der Verunsicherung.

Mit ihrem Erscheinen ist jedoch für den Menschen auch immer die Möglichkeit verbunden, eine neue Stärke zu entwickeln. Durch Verunsicherung wird der Leidensdruck unserer Seele in der Art erhöht, dass wir neue ICH-Kräfte entwickeln können. Was uns ängstigt, wird uns durch seine Überwindung stärken. Und darum geht es ja in den Märchen: *Die Hexe muss durch eine neu zu erringende Stärke überwunden werden.*

Die Qualität des Blutes

Von Goethe stammt der Satz: »Blut ist ein ganz besonderer Saft«. Welches Blut in den Adern der Menschen floss, war immer von großer Bedeutung, sei dies für eine Rasse, ein Volk, eine Sippe oder für eine Familie. Je kleiner die Gemeinschaften waren, desto stärker empfand man diese *»Blutsbande«*. Im Blut lag die Kraft verborgen, einen Menschenkreis zu einen.

Aber auch die Schuld übertrug sich mit dem Blut. Man empfand es als absolut legal, durch das Blutvergießen selbst späterer Generationen, Sühne für eine Ursprungstat zu fordern. Dies vollzog sich in oft langen *Blutsfehden*.

Aus diesen beiden Phänomenen ersieht man, dass Blut nicht nur als eine physische Substanz, sondern auch als Träger geistiger Impulse wirksam ist. Das menschliche ICH war in früheren Zeiten auf das engste mit den Kräften des Blutes verbunden. Jeder Angriff auf die Blutsgemeinschaft wurde existenziell als Verletzung des eigenen ICH empfunden. Während sich der Mensch heute in seinem SELBST abgegrenzt und isoliert erleben kann, ragte damals das ICH über das gemeinsame Blut tatsächlich bis in die einzelnen Zweige der Gemeinschaft hinein. Dem Einzelnen erwuchs dadurch Stärke. Auf unbewusste Weise fühlte man sich von der Präsenz der Gemeinschaft einschließlich seiner Ahnen getragen.

Je »reiner«, d. h. geschlossener, der Blutszusammenhang war, desto gestärkter empfanden sich seine einzelnen Glieder. Dieses Wissen wurde wohl am extremsten in der Geschwisterheirat der ägyptischen Pharaonengeschlechter angewendet. Man wusste, dass die maximale Blutreinheit die Grundlage bildete für die größtmögliche ICH-Stärke des zukünftigen Pharao.

»Ich habe es schon einmal charakterisiert, als ich davon sprach, dass in uralten Zeiten das vorhanden war, was wir die Nahehe nennen im Gegensatz zur Fernehe. Bei allen Völkern gab es kleine Gemeinschaften, die miteinander verwandt waren. Innerhalb dieser heiratete man, aus diesen kleinen Gemeinschaften herauszutreten galt als unmoralisch. Immer floss verwandtes Blut in den Ehen. Erst allmählich wurde die Nahehe abgelöst durch das Prinzip der Fernehe. Es waren sogar für Einweihungen ganz besondere Maßnahmen notwendig: Man musste sorgfältig die vorhergehenden Inkarnationen auswählen, um eine möglichst gute Blutmischung herbeizuführen. […] Es waren ganze Generationen von Priestern da, die darauf achteten, dass das Blut in einer ganz bestimmten Weise erhalten werde.« *(Rudolf Steiner GA 97, München 17. März 1907)*

Obwohl es auch heute noch Kulturen gibt, in denen die Blutskräfte das Handeln der Menschen stark dominieren, ist die ICH-Entwicklung der Menschheit in der Art vorangeschritten, dass die Blutswirkung in hohem Maße zurückgedrängt wurde. Je mehr das Einzel-ICH erstarkte, desto geringer wurde der Einfluss des Blutes. *In den Märchen ist daher auf diesem Hintergrund das Blut der physische Ausdruck des menschlichen ICH.*

Die Gestalt der *Stiefmutter* steht damit in einem Zusammenhang. Mit ihr wird die Blutsbindung bewusst aufgehoben. Durch die Stiefmutter zerbricht die Einheit des gleichen Blutes – ein geistiges Band wird gelöst. Damit wird derjenige Moment der Bewusstseinsentwicklung charakterisiert, in welchem die Menschheit die ursprüngliche Einheit mit der geistigen Welt verlassen muss. Durch diese Emanzipation beginnt für die Menschheit der lange und nicht immer leichte Weg zur inneren Freiheit.

Die Qualität der weißen Farbe

Warum ist der Schnee nicht rot, das Gras nicht blau und der Himmel nicht grün? Solche Fragen mögen Kinder stellen. Aber versetzen wir uns einmal probehalber in eine tief verschneite Winterlandschaft und stellen uns dabei den Schnee nicht weiß, sondern intensiv rot vor. Für den Moment mag die Vorstellung lustig erscheinen und doch müssen wir zugeben, dass Rot dem Wesen des Schnees zutiefst widerspricht. Welche innere Qualität bringt die Farbigkeit an einem Gegenstand zum Ausdruck?

Suchen wir einmal die weiße Farbe am menschlichen Körper auf. Wir begegnen ihr bei den Zähnen, den Enden der Fingernägel, bei den Schuppen von Haar und Haut, den Knochen, im Augapfel, und auch die Haare werden bei vielen Menschen im Alter grau oder gar weiß. Worin liegt die Gemeinsamkeit dieser Dinge? Wir werden feststellen, dass die weiße Farbe überall dort erscheint, *wo sich Lebensprozesse stauen oder aber wo sie reduziert, bzw. ganz zurückgenommen worden sind.*

Betrachten wir dies beim Auge. Es wird von einer Aderhaut umfasst, die seine Blutversorgung gewährleistet. Der Glaskörper, in dem sich Linse und Netzhaut befinden, enthält jedoch überhaupt kein Blut und ist daher vollständig durchsichtig. Er »verzichtet« sozusagen auf alle Blut-Lebensprozesse. Erst dadurch kann das Auge die Wirklichkeit der Umgebung gewissermaßen »selbst – los«, bzw. objektiv wahrnehmen. Beim Knochen führt der Verzicht auf Lebendigkeit zur Erstarrung und aus Nägeln, Haaren und Schuppen haben sich die Lebensprozesse ganz zurückgezogen.

Wo finden wir die Qualität des Weißen im Seelischen? Hier erleben wir das Phänomen der Stauung zum Beispiel in den Gefühlen von Angst und Schrecken. Während sich der Mensch durch Furcht innerlich zusammenzieht und anspannt, erbleicht seine Haut äußerlich.

Auch auf der für das Märchen entscheidenden Bewusstseinsebene ist das Prinzip der Stauung wahrnehmbar. Hier handelt es sich um einen Prozess, der zutiefst mit dem menschlichen ICH zusammenhängt. *Gelingt es dem Menschen durch eine aktive Haltung, sein eigenes ICH für Momente zurückzunehmen oder gleichsam zu stauen, so ermöglicht er damit erst, dass sich das innere Wesen der äußeren Erscheinung in seinem Bewusstsein spiegeln kann.* Als Folge dieser Stauung auf der Bewusstseinsebene ergibt sich *Weisheit.* Wir können Weisheit nicht produzieren, sondern uns nur, ähnlich dem Glaskörper des Auges, durchlässig für sie machen. Die wohl größte Stauung des menschlichen ICH besteht im Erlebnis des Schmerzes. Damit wird dieser aber auch gleichzeitig zum größten Erwecker von Weisheit.

So wird verständlich, inwiefern die weiße Farbe im Märchen in erster Linie als Symbol der Weisheit verwendet wird. In ihr ist aber auch die Qualität der Klarheit und Reinheit enthalten.

Die Qualität der Drei

Die Drei im Märchen weist uns immer auf einen Werde-, bzw. Entwicklungsprozess hin. Wir wollen ihrer Qualität auf zwei verschiedenen Wegen nachgehen.

Nähern wir uns der Drei zuerst von der Empfindungsseite: Wenn man eine schöne Sache zum ersten Mal unternimmt, so mag man ganz erfüllt und begeistert von ihr sein. Wiederholt man sie nun in ganz gleicher Art, so schwingt der Enthusiasmus des Beginns noch weiter. Das dritte Mal fordert jedoch stets *eigene Energien,* wenn das Erlebnis innerlich erfüllt bleiben soll. Diese Qualität der Drei ist noch deutlicher wahrnehmbar bei Vorsätzen, die man gefasst hat: Man achte auf den dritten Tag. Die Begeisterung, bzw. Entschlusskraft des Vorsatzes, lässt bei der Wiederholung der Wiederholung entschieden nach. An die Stelle der Euphorie des Anfangs muss tatsächliche Willenskraft treten. Entwicklung wird hier mit der Reibung am Widerstand erlebbar.

Nähern wir uns der Drei durch ein begriffliches Erfassen, so müssen wir von der Eins ausgehen. Die Eins ist die Zahl der größten denkbaren Einheit. Ihr Inhalt weist als unbestimmtes Sein zunächst keinerlei Differenzierung auf. Erst in dem Augenblick, wo das unbestimmte Sein in ein bestimmtes übergeht, setzen Polarität und Differenzierung ein. Dies sind die Qualitäten der Zwei. Genau genommen haben wir die Drei aber jetzt schon übersehen. Sie tritt nicht wie die Zwei in die äußere Erscheinung. Wenn das unbestimmte Sein in ein bestimmtes *übergeht*, befinden wir uns mitten in der Qualität der Drei. Die Drei ist weder dasjenige, von dem sie ausgeht noch dasjenige, zu dem sie wird, sondern sie liegt direkt zwischen ihnen: Sie ist das Werdende, das Prozessuale, das sich Entwickelnde. Verwendet das Märchen also das Symbol der Drei, so will es uns auf diesen Entwicklungsprozess hinweisen.

Die Qualität des weiblichen und männlichen Prinzips

Welche Bedeutung hat es, wenn die Gestalten eines Märchens männlich oder weiblich sind? Hätte nicht bei »Rapunzel« zum Beispiel auch eine Prinzessin am Barte eines Jünglings den Turm heraufsteigen können, um ihn zu befreien? Auf den ersten Blick erscheint uns dies vielleicht als eine durchaus phantasievolle Variation, doch seine okkulte Bedeutung würde das Märchen dafür vollständig einbüßen. Welches Wissen liegt der Wahl der Geschlechter zugrunde?

Märchen beschreiben reine Seelenprozesse. In der Wahl der Geschlechter charakterisiert es nicht den Mann oder die Frau, sondern weist mit dem Männlich-Weiblichen auf ein übergeordnet kosmisches Prinzip, welches in jedem Menschen lebt. Als Weltgestaltungsprinzip lässt es sich nicht in subjektive Empfindungen wie besser, schöner oder erstrebenswerter pressen. Man wird sich dem hohen Begriff des Männlich-Weiblichen nicht nähern können, solange man zum Beispiel das Helle gegenüber dem Dunklen als das Bessere empfindet. Wollte man versuchen, dem Tage die Nacht zu nehmen, so würde man schnell merken, dass das Helle ohne das Dunkle unerträglich wäre. Die Existenz des Einen fordert die Notwendigkeit des Anderen, und auf einer höheren Ebene suchen sie immer das Gleichgewicht. Im Männlich-Weiblichen finden wir daher eine Ur-Polarität.

Folgende Gegensätze stehen sich im Märchen häufig gegenüber:

das Männliche	**das Weibliche**
Sonne	Mond
Gold	Silber
hell	dunkel
das Gerade	das Krumme (Kreis)
wachen	schlafen
intellektuell	intuitiv
Denken	Handeln
bewusst	unbewusst

Mit dem Geschlecht einer Figur deutet das Märchen auf eine bestimmte Qualität unseres Seelenlebens. Erscheint eine *männliche Gestalt*, so werden wir auf die Bewusstseinskräfte des Menschen verwiesen. In ihnen sind wir denkende und erkennende Wesen. So, wie man jedoch schlafen muss, um in ordentlicher Weise wach sein zu können, ist für unser Bewusstsein das Unbewusste (Weibliche) von existenzieller Bedeutung.

Betrachten wir dazu das Phänomen des Vergessens: Könnte Gewusstes nicht ins Unbewusste herabsinken, so wäre unser Bewusstsein durch die heraufdrängenden Eindrücke der Vergangenheit fortwährend gefangen. Das Vergessen ist ein Segen für die Menschheit, und ohne diese Fähigkeit würde sie niemals zur Freiheit gelangen können. Wenn wir daher aus unbewussten Seelenkräften handeln, so wählt das Märchen dafür eine *weibliche Gestalt*. Erst im Zusammenspiel beider Seelenbereiche wird die menschliche ICH-Entwicklung überhaupt möglich.

Auch den großen Entwicklungszyklus der Menschheit muss man schließlich als einen Weg von einem unbewusst-kosmischen zu einem selbstständig-bewussten Wesen betrachten.

Ebenfalls im Info3 Verlag

Rudolf Geiger
»... vergnügt bis an ihr Ende ...«
Ein Leben mit Märchen –
Erfahrungen und Einsichten
1. Auflage 2003 im Verlag
Johannes M. Mayer, Stuttgart
160 Seiten, Klappenbroschur, **€ 9,90**
ISBN 978-3-932386-68-8

Märchen sind lebendige Sprache. Über Jahrhunderte folgten sie mündlicher Überlieferung, bevor Märchensammler begannen, sie aufzuschreiben. Sie erneut zu verlebendigen war das Anliegen des großen Märchenerzählers Rudolf Geiger (1908–1999). Dieses Buch spürt dem Gehalt der Märchen, den Motiven, Wendungen, Wandlungen, Versionen nach – insbesondere aber immer wieder der Sprache selbst. Besonders die kernige Sprache der Grimmschen Märchen erfährt eine Würdigung seitens des Autors, der in vielen Stunden erlebt hat, welcher Zauber von ihr vor allem auf die jungen Zuhörer ausgeht. Sein Buch ist ein Vermächtnis, welches Anregung und Unterstützung bietet, die Kunst des Märchenerzählens lebendig zu halten.

Info3 Verlag
Kirchgartenstr. 1, 60439 Frankfurt
Tel. 069-58 46 47
eMail: vertrieb@info3.de
www.info3.de